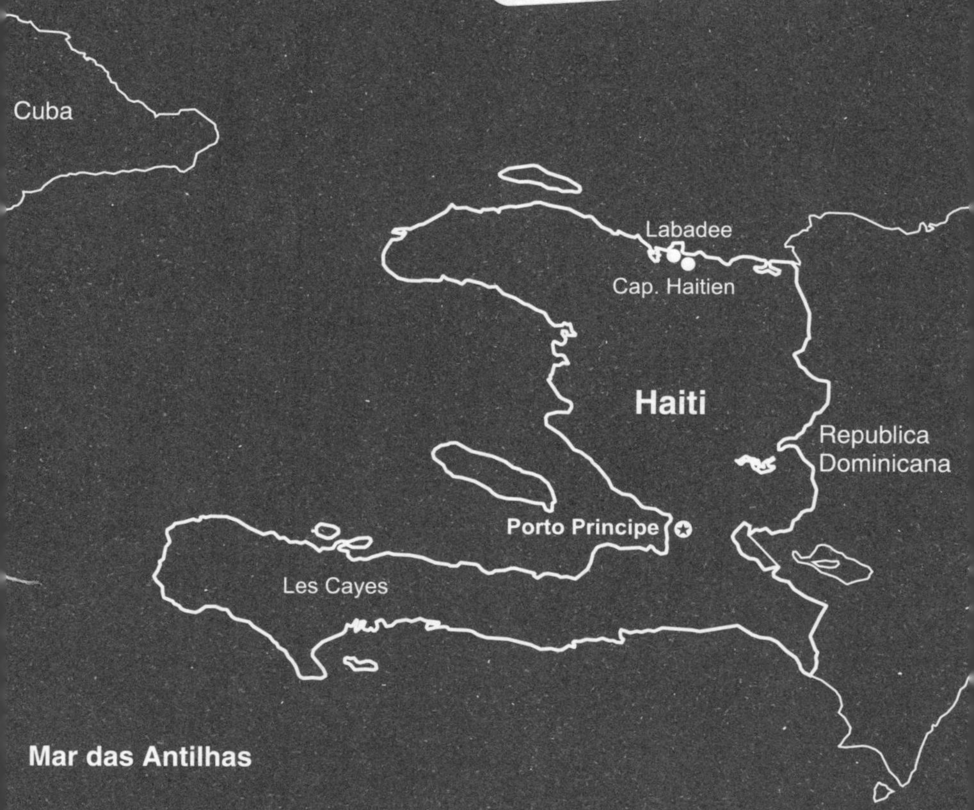

Cuba
Labadee
Cap. Haitien
Haiti
Republica
Dominicana
Porto Principe
Les Cayes
Mar das Antilhas

Sobre as obras que compõem esta série:

Esta série de livros oferece ao leitor local a possibilidade de descobrir culturas pouco conhecidas a partir de narrativas de escritores e jornalistas brasileiros. São relatos escritos no fio tênue que corre entre a objetividade da descrição jornalística e a abordagem personalista, baseada na intensa troca de experiências com o desconhecido. Buscando vieses despercebidos, atacando os estereótipos com que percebemos os que não nos são próximos, estes livros surgem com o intuito de informar e surpreender. Afinal, do mesmo modo que nós como nação somos vistos pelas lentes do equívoco, essas culturas, complexas o bastante para não caberem em resumos rasteiros, tendem a ser tratadas a partir de uma miríade de lugares comuns. Contornar essas práticas com o cuidado e o respeito que só o viajante atento e sensível possui, constitui-se como projeto principal desta proposta editorial.

Ótima leitura!
Os editores

Rodrigo Alvarez

Haiti, depois do inferno

Memórias de um repórter no maior terremoto do século

EDITORA GLOBO

Texto fixado conforme as regras do novo Acordo Ortográfico da Língua Portuguesa (Decreto Legislativo nº 54, de 1995).

Preparação de texto: Marleine Cohen
Revisão: Ronald Polito / João Campos
Projeto gráfico, paginação e capa: ZB Editorial
Tratamento de imagens: Paula Korosue
Foto de capa: © Ulises Rodriguez/epa/Corbis/Corbis (DC)/Latinstock
Foto de orelha: Sergio Telles
Caderno de imagens: 1 e 2: © Corbis/EPA/Orlando Barría, 3 e 4: Haitian Embassy in Germany – Image by © DPA/Corbis e EPA/Shawn Thew/Corbis., 5: Caio Guatelli/ Folhapress, 6 e 7: © U.S. Navy Photographer/Corbis e EPA/Shawn Thew/Corbis, 8: © Corbis, 9: Luiz Claudio Azevedo, 10, 11 e 12: EPA/Shawn Thew/Corbis, EPA/Jorge Núñez/Corbis e EPA/David Fernandez/Corbis, 13: Katie Orlinsky/Corbis, 14 e 15: EPA/Andrés Martínez Casares e Christian Heeb

1ª edição, 2010

Dados Internacionais da Catalogação na Publicação (CIP)
(Câmara Brasileira do Livro, SP, Brasil)

Alvarez, Rodrigo
Haiti, depois do inferno : memórias de um repórter no maior terremoto do Século / Rodrigo

Alvarez. – São Paulo : Globo, 2010.

ISBN 978-85-250-4880-6

1. Haiti - Descrição 2. Repórteres e reportagens 3. Terremotos 4. Tragédia I. Título.

10-08257 CDD-070.44997294

Índices para catálogo sistemático:
Haiti : Reportagens : Jornalismo 070.44997294

Reportagens : Haiti : Jornalismo 070.44997294

Direitos de edição em língua portuguesa para o Brasil
adquiridos por Editora Globo S.A.
Av. Jaguaré, 1485 – 05346-902 – São Paulo – SP
www.globolivros.com.br

Para meu irmão, Carlos Mario

Sumário

Prefácio

Ao fim de uma jornada pesadíssima de trabalho não há jornalista que não tenha parado para pensar que, no dia seguinte, haverá mais um jornal e, depois dele, mais outro, e mais outro... Só que jornalismo não é linha de montagem, não é forno de padaria. Nosso grande desafio é realmente cumprir, diariamente, um determinado conjunto de tarefas (apurar, escolher imagens, escrever textos e editar). Mas os desafios podem ser completamente diferentes a cada jornada, o que faz da nossa profissão, por natureza, uma das mais interessantes do mundo.

Na redação do *Jornal Nacional* a tensão aumenta com o passar das horas ao longo da tarde e, principalmente, com o passar dos minutos naquele período crítico que chamamos de "fechamento" (logo antes de o *JN* começar). Mais de uma vez me lembrei de uma frase nada politicamente correta nos dias de hoje: matamos um leão por dia.

No dia 12 de janeiro de 2010 esse leão apareceu bem de mansinho. A primeira informação nas agências internacionais relatava um tremor forte no Haiti. Havia apenas uma frase, em inglês. Nada mais. Outro alerta veio minutos depois. Dessa vez em espanhol, mas com a mesma economia de informações. Eu e a editora Isabella Guberman, com quem divido a editoria de notícias internacionais do *JN*, trocamos olhares preocupados. O terceiro relato das agências também não dava muitos detalhes, mas informava que um alerta de tsunami tinha sido emitido para o Caribe. A essa altura já estávamos muito além do "fechamento". Avisamos ao editor-chefe adjunto do *JN*, Luiz Ávila, que um terremoto tinha sido registrado no Haiti, mas que não tínhamos muitos detalhes.

Já o quarto alerta trazia o testemunho de um jornalista que acompanhou o momento em que um hospital veio abaixo na capital, Porto Príncipe. Ainda não tínhamos informações sobre feridos, nem sobre as dimensões do terremoto que tinha acabado de destruir um dos países mais pobres do mundo.

Preparei uma nota, que foi aprovada pelo Ávila e lida por Chico Pinheiro, que cobria, na apresentação, o período de férias do William Bonner, editor-chefe do *JN*. Como não havia ainda qualquer imagem disponível, nem uma foto sequer, colocamos no ar apenas um mapa do Haiti. Fui para casa apreensivo. No dia seguinte havia mais um *Jornal Nacional* para ser pensado e produzido.

Quando acordei o caos estava instalado. As primeiras imagens que vi na televisão revelavam a dimensão do estrago. As cenas ainda eram poucas. Mas já mostravam prédios inteiros achatados como se fossem sanduíches e pessoas desesperadas nas ruas ou no meio dos escombros.

O escritório de Nova York, dirigido por Mônica Maria Barbosa, se movimentou imediatamente. Equipes foram mandadas para a região do terremoto. Primeiro, para a vizinha República Dominicana. Depois, para o epicentro da tragédia, no Haiti. Daquele momento em diante a rotina na redação no Rio mudou bastante. Passamos a ter a missão de tentar dar apoio a repórteres que estavam num lugar praticamente sem infraestrutura alguma. Os editores e produtores de Nova York fizeram o possível e o impossível para conseguir vencer um gigantesco obstáculo que surgiu logo no início: fazer com que todo o material exclusivo, captado pelas câmeras da Globo, chegasse até a redação do *Jornal Nacional*.

A partir daquele ponto fomos testemunhas e cúmplices de uma mudança no formato com que geralmente os fatos são contados para os telespectadores. Os repórteres Rodrigo Alvarez e Lília Teles, acompanhados do repórter cinematográfico Luiz Cláudio Azevedo, enviaram reportagens genuinamente marcantes dessa tragédia. Na redação, ao longo da tarde, tínhamos a tarefa de acompanhar as (poucas) providências oficiais tomadas pelo governo do Haiti e a repercussão mundial. Toda essa parte era "amarrada" pelo escritório de Nova York, que fechava matérias sobre o envio das equipes de emergência, a liberação de ajuda financeira e a comoção ao redor do planeta provocada pelo tremor. Além disso, tínhamos matérias fechadas no Brasil, relacionadas às mortes de Zilda Arns e dos soldados da Força de Paz da ONU.

Em solo haitiano, as equipes captavam a dura realidade de um povo atingido por tamanha tragédia. As dificuldades técnicas eram enormes. No Haiti, devastado, praticamente não havia conexão de internet e as equipes só tinham acesso a pouquíssimos pontos de geração de imagens via satélite. Falar com os repórteres, por celular, era quase impossível. Nos primeiros dias não tínhamos certeza alguma de que conseguiríamos receber qualquer material que fosse para o *JN*.

Mas conseguimos.

As reportagens vieram com uma nova linguagem. Não por capricho, não por vontade de querer inovar. Mas era, sinceramente, o que se podia fazer naquela situação. As equipes simplesmente narravam o que viam. Parece coisa simples. Mas trata-se de uma das tarefas mais difíceis de serem realizadas com êxito e qualidade no telejornalismo. Normalmente, os repórteres voltam para a redação e, só então, escrevem seus textos. Depois, os editores revisam tudo, escolhem as imagens e editam as reportagens.

No Haiti, obviamente, não havia como fazer desse jeito. A solução foi ligar a câmera e sair narrando a situação dramática do país.

O resultado surpreendeu. Como o Rodrigo relata, a Lília e o Azevedo, por exemplo, acompanharam todo o resgate de uma haitiana que passou dias debaixo dos escombros até ser encontrada por soldados brasileiros.

No caso do próprio Rodrigo, vimos um repórter que andava pelas ruas, registrava as próprias imagens, parava para conversar com os sobreviventes, sentia um tremor secundário, relatava isso, deixava a câmera sozinha num tripé e corria para frente dela para gravar a "passagem" (o momento em que o repórter fala diretamente para a câmera).

Enquanto isso, a correria na redação era imensa. Uma das matérias só chegou com o jornal no ar. Na emissora, um departamento recebe todos os sinais do Brasil e do exterior. Normalmente, o material é gravado lá, num disco óptico, e levado até uma ilha de edição, na qual é copiado, formatado, revisado e enviado eletronicamente para um computador, responsável pela exibição. Cada etapa leva apenas minutos. Mas quando o jornal já está no ar, esses minutos voam. Nesse tipo de situação, é possível pular a primeira etapa e fazer com que o sinal seja enviado diretamente para a ilha de edição. Mas não há milagre. O jornal não pode parar e esperar.

O momento em que a matéria precisava ir ao ar se aproximava com uma rapidez assustadora. Vibrei quando a primeira imagem do Haiti apareceu no monitor da ilha. Fui recebendo e revisando o material, enquanto fazia uma contagem regressiva. Faltava pouquíssimo tempo. Em um determinado momento, vi que não daria para receber tudo o que ele estava mandando. O que fazer?

Eu e o editor de imagens José Carlos Ferreira resolvemos, então, cortar o sinal do Haiti. Naquela hora, mais da metade da matéria já havia sido enviada. Encontramos, bem ali, uma frase que poderia ser o fim, sem que o conteúdo perdesse sentido. Um minuto depois, a reportagem estava no ar.

Nós, jornalistas, sabemos que, em meio a tanta correria, a tantas preocupações com a hora do "fechamento", um grande perigo está sempre nos rondando. É o que chamo de "risco do distanciamento". Ocorre quando, por descuido ou cansaço, nos afastamos daquilo que estamos contando e cumprimos a nossa função diária de forma burocrática, burra, como se estivéssemos, sim, numa linha de montagem ou numa padaria.

Nos dias seguintes ao 12 de janeiro de 2010 fui devidamente imunizado contra esse mal. A cada edição, ao receber o material de Porto Príncipe, me emocionei, chorei e até gritei. Era como se estivesse lá, ao lado de centenas de milhares de haitianos que perderam suas casas e suas famílias. A vontade, na ilha de edição, era a de esticar a mão para ajudar aquelas pessoas.

Vontade que, aposto, também tiveram milhões de brasileiros que acompanharam toda a cobertura. Os detalhes impressionantes de como isso tudo foi possível estão no relato sincero e comovente do repórter Rodrigo Alvarez, nas páginas a seguir.

FERNANDO CASTRO

Editor do *Jornal Nacional*

Introdução

Em um espaço de tempo que não chegou a completar um minuto, deu-se a maior tragédia natural da história de um país. O Haiti não precisava de mais tragédias para ter uma história das mais sangrentas do nosso tempo. O ex-presidente americano, Bill Clinton, que esteve lá poucos dias depois do terremoto, qualificou o que viu como um dos maiores desastres humanitários da história das Américas. Foi também o maior desastre humanitário num único país, neste início de milênio. Os tsunamis no Sudeste asiático deixaram mais vítimas, mas atingiram vários povos, e várias regiões, de vários países.

Sob qualquer ponto de vista, o terremoto que atingiu o Haiti no dia 12 de janeiro de 2010 teve proporções dantescas. E o que talvez mais chame atenção é que os sete graus na escala Richter não fariam dele um megaterremoto, não fosse a miséria em que já se encontrava o país, não fosse a precariedade das construções e das vidas haitianas, em condições subumanas ao longo de mais de quinhentos anos de história.

Atingindo em cheio o epicentro da fragilidade haitiana, o terremoto fez da capital, Porto Príncipe, um inferno. Espalhou desespero por cidades menores que orbitam em torno do epicentro geográfico do tremor. O epicentro foi em Carrefour, um município tão integrado a Porto Príncipe que o visitante nem fica sabendo que está em uma ou outra cidade.

O abalo durou apenas alguns segundos, mas produziu imagens pavorosas de milhares de corpos abandonados na rua, corpos arrastados por empilhadeiras, corpos atirados em valas comuns, corpos esquecidos por dias no mesmo lugar. E assim transmitiu-se a errada impressão de que os haitianos não se importavam com seus mortos. Mas a tragédia também mostrou ao mundo, desde os primeiros dias, imagens emocionantes. Impossível esquecer as cenas de pessoas empurrando placas de concreto e saindo dos escombros como se estivessem abandonando cascas de ovos e renascendo do meio da poeira. Vão ficar marcadas para sempre na minha memória muitas lembranças de pessoas carregando doentes em carrinhos de mão, ou nos braços. E o aperto nas filas de distribuição de alimentos, quando haitianos se agarravam uns aos outros para impedir que espertinhos furassem a fila dos desesperados. Foram incontáveis resgates, um deles quase um mês depois da tormenta, quando até o governo haitiano já considerava impossível encontrar vida sob o cimento de Porto Príncipe.

Entendo que foi também uma tragédia brasileira de grandes proporções. Perdemos dezoito militares. Perdemos um diplomata de carreira brilhante com um indiscutível espírito humanitário. Perdemos uma missionária da paz que estava no Haiti numa breve passagem, apenas para ajudar os haitianos. Perdemos também boa parte da conquista feita pelos nossos militares no trabalho de estabilização política e social.

A inédita liderança militar brasileira na missão de paz da ONU tinha produzido inúmeros efeitos positivos sobre um país onde, historicamente, a instabilidade política é uma constante e os momentos de tranquilidade são precárias exceções.

Nos dias em que estive na capital, pude acompanhar o trabalho minucioso dos militares brasileiros e me orgulhar dos nossos soldados. Levado pelo major Obregón e pelo capitão Domingues, pude conhecer a maior favela haitiana, a Cité Soleil, com mais de

300 mil pessoas vivendo numa situação de miséria que não me pareceu comparável nem à das piores favelas brasileiras. Ao lado delas, vi seres humanos dividindo o espaço com porcos. Crianças e adultos caminhando despreocupadamente sobre os lixões que, de tão recorrentes, assumiam as vezes de parque. Tinha lixão que era também banheiro e avenida.

Naquelas duas semanas, pude perceber a adoração dos haitianos pelo militares brasileiros. Mesmo quando eles pediam comida com um chavão que misturava inglês e francês. "Hey, you, chocolá!" era a frase aprendida pelos pais dos pequenos haitianos durante ocupações anteriores dos Estados Unidos. "Hey, you", parece óbvio, era o jeito com que os soldados americanos se referiam ao povo haitiano quando davam alguma ordem: "Ei, você!" O "chocolá", evidentemente, era uma palavra francesa: *chocolat*. Mas pelo que diz a lenda, nasceu depois que uma multinacional — por intermédio do exército americano — fez doações de milhares de barras de chocolate para ajudar a matar a fome do povo haitiano.

E era "Hey, you, chocolá!" que os pequenos haitianos gritavam incansavelmente, a cada vez que os soldados brasileiros se aproximavam. Chocolate, o presentinho dos americanos, era o jeito que eles tinham para dizer que estavam mortos de fome àqueles que, nos últimos seis anos, tinham se tornado seus guardiões. Era algo como "Ei, amigo, me dá comida!".

Depois de viver estas e outras experiências, depois de doze dias na parte oeste da ilha que franceses e espanhóis fatiaram dois séculos atrás, percebi que só entendendo um pouco melhor o jeito de ser dos haitianos e, principalmente, a história que os tinha levado até ali seria possível explicar por que um terremoto de sete graus era capaz de produzir uma tragédia aparentemente sem sentido.

Nos próximos capítulos, vou contar o que vi e ouvi nos dias que se seguiram ao terremoto. Para uma contextualização mais adequada, será inevitável viajar, ainda que brevemente, pela história que levou o Haiti a ser o que era até o dia da tragédia e o que se tornou depois dela. Durante o livro vou falar também sobre o trabalho de correspondente internacional na cobertura mais difícil da minha vida, não só pelas proporções da tragédia, mas também porque, num lugar onde tudo sempre foi precário, qualquer tipo de abalo, seja político, militar ou sísmico, é muito mais destrutivo.

Desde a chegada, não se sabia nem se seria possível aterrissar, a começar pelas incertezas sobre a segurança, onde dormir, onde comer. E terminando com um impacto psicológico muito grande que só agora, meses depois, eu posso dizer que está de certa forma apaziguado. É o que a psicologia chama de Transtorno do Estresse Pós-Traumático, um sintoma comum em soldados que são obrigados a matar e ver amigos morrerem, mas que atinge a todos aqueles que são levados a viver situações extremas e, principalmente, sem aviso prévio, como foi o nosso caso.

Não tenho a pretensão de produzir aqui um documento histórico sobre o terremoto do Haiti, mas apenas dividir com você, leitor, uma experiência única na minha vida pessoal e profissional, que espero jamais repetir.

1. Porto Príncipe

Ainda sem enxergar direito, como um espírito perdido na nuvem cinza que emergiu dos escombros, reduzido à condição de corpo empoeirado, inidentificável, sem destino e quase sem consciência, o sobrevivente se ajoelhou resignado aos pés da santa cruz.

Só podia ser santa, se não sucumbira também ao demônio que botou tudo abaixo. Só mesmo um milagre, uma benção, a mão todo-poderosa do Divino, para deixar de pé a imagem de Jesus Cristo, quando todo o resto era pó na entrada da Sacré Coeur de Turgeau. Se a gritaria tornava quase incompreensível a oração exasperada, as mãos levantadas na direção do céu não deixavam dúvidas de que aquele era um gesto pleno de louvação.

E assim chegou mais um sobrevivente, e outro, e outro, e mais outro, formando uma cerimônia desordenada em que se repetiam a louvação e os grunhidos dizendo: "Meu Deus!".

Como era possível o mundo vir abaixo na igreja e só o Cristo ficar de pé?

Àquela altura, com o milagre fincado na terra seca, só havia dois tipos de gente em Porto Príncipe: os abençoados e os soterrados, sendo que os últimos, subdividia-os o destino em outros dois segmentos extremos: os mortos e os ainda vivos. Mas isso só se descobriria depois.

* * *

Nos minutos finais da tarde daquela terça-feira, haitiano de nenhuma espécie fazia ideia do tamanho da tragédia. Ainda que a terra costumasse tremer e muitos suspeitassem de terremoto, quem tinha certeza? E ainda que fosse um castigo imposto por um defeito da geografia, um reajuste colossal no interior do planeta, ninguém podia imaginar que se tratasse do pior deles; uma catástrofe que nem duzentos anos de vida miserável, quase bárbara, na porção oeste da ilha Hispaniola, tinham sido capazes de produzir.

Enquanto o boca a boca não corresse; enquanto a primeira voz não gritasse "morreram mais de 100 mil"; enquanto os vivos não ligassem os rádios de pilha e ouvissem alguma estação longínqua dizendo na língua crioula que "um terremoto de grandes proporções arrasou a capital"; enquanto os mortos não começassem a ser queimados ou comidos pelos porcos; enquanto aviões gigantes não começassem a lotar o atarracado aeroporto da capital para trazer ajuda humanitária; enquanto tudo o que houvesse fosse poeira, gritos e escombros; cada grupo, em cada igreja, escola, mercado, posto, repartição, hotel, edifício, favela, beco, boteco, quartel, birosca ou barraco pensaria que a terrível maldição era um castigo exclusivo, que lhe coubera apenas a ele e aos que estavam por perto.

O soldado Moraes demorou a perceber que, além da igreja, algumas casas haviam tombado. Nem pensou que fosse preciso voltar à escola de onde acabara de sair. Devia ter sido só aquilo ali na frente dele. Moraes passou alguns minutos acreditando que o terrorismo tivesse chegado ao Haiti; mais precisamente, àquela igreja do Haiti. Não teve tempo nem cabeça para pensar que dificilmente algum terrorista atacaria um país miserável, quase sem importância e com inimigos que usavam métodos muito mais refinados quando, volta e meia, resolviam promover massacres na única república negra do continente americano.

Moraes tinha colocado os óculos escuros e desfeito a sentinela. Estava entrando no jipe do Exército, se aprontando para voltar à base, quando viu o mundo cair. De dentro do carro, a apenas uma curva de distância da escola onde tinha estado nas últimas horas, depois de acompanhar sem grande interesse a palestra de uma importante médica brasileira, minutos depois de sair do edifício, ouviu o estrondo.

Moraes respondia ao sargento que respondia ao tenente, mas naquele momento hierarquia nenhuma faria sentido. Sem que fosse preciso esperar por nenhuma ordem superior, quando viram a lateral da igreja despencar e parar a mínimos metros de onde estavam, os três saltaram do jipe. Os militares brasileiros estancaram atônitos diante da correria, e assim permaneceram, atônitos. Perceberam que blocos de concreto haviam erguido uma montanha de mais de dois metros na calçada e logo se lembraram: naquele lugar funcionava um intenso comércio de rua.

"Tinha um monte de gente aqui, ó", gritou o soldado Moraes. "Tinha um monte de gente! Não deu tempo dessa turma sair, não", constatou ele, àquela altura com a pequena câmera digital registrando e narrando o que via pela frente. Mesmo diante da tragédia, o soldado continuou gravando o vídeo por mais de três minutos. Interrompeu. Gravou mais um minuto. Tirou fotos. E gravou um pouco mais. Certamente pensou em colocar tudo no YouTube mais tarde. Seria dele o registro mais imediato do tal "ataque terrorista" na igreja haitiana. Mas a situação ficaria muito mais grave, a tragédia ganharia dimensões planetárias, Moraes passaria os dias seguintes trabalhando na reconstrução de um país aos pedaços e acabaria cedendo uma cópia do vídeo que seria exibida em rede nacional, os três minutos praticamente sem edição, na abertura do *Fantástico*, na TV Globo, no domingo que se seguiu à tragédia.

Dias depois do terremoto, numa entrevista que faria parte da reportagem, eu questionaria o soldado: "Por que gravar e não largar tudo pra ajudar quem estava sob os escombros?".

"Eu não tinha reação", ele respondeu. "Eu não tinha o que fazer ali. Eu não tinha pra onde correr… a poeira tomou conta… eu não conseguia enxergar. As casas do lado eram todas grandes, de dois, três andares... e se eu corro pra alguma, eu corria mais risco… então eu fiquei onde eu tava, arranquei a máquina e comecei a filmar, enquanto segurava meu fuzil."

Quem poderia julgar a decisão do soldado? Pouco depois do terremoto, eu chegaria a Porto Príncipe e não me sentiria em condições de ajudar quase ninguém. Milhares de bombeiros vinham de dezenas de países para aquela tarefa delicada e perigosa de procurar sobreviventes. Sair como um bravo jornalista acudindo cada haitiano que pedia ajuda teria produzido um belo espetáculo, mas não seria honesto nem com os espectadores nem com os haitianos. Não numa guerra como aquela. Na guerra contra as vontades da natureza, ainda que você fatalmente vá ajudar, é preciso ter muito claro o que foi que o fez viajar milhares de quilômetros e, em vez de buscar uma praia linda e deserta, montar seu acampamento num campo de batalha.

Naquele mesmo dia doze, pouco antes das cinco da tarde, na mesma escola de onde o soldado Moraes acabava de sair, uma freira brasileira fazia uma busca solitária e desesperada nos arredores da igreja destruída. Rosângela Altoé procurava pela médica de palavras firmes e gestos contundentes que havia atraído a atenção de tanta gente até a sala de aula. Zilda Arns, a mulher iluminada que passou a vida pensando nos outros, precisava agora desesperadamente de ajuda. Pelo menos era o que acreditava a freira que tinha viajado do Brasil para acompanhá-la numa missão educadora. A irmã andava de um lado pro outro, sentia a garganta fechando, sufocada, mas nada disso interrompeu sua procura. Rosângela Altoé pensava que iria morrer de tanta poeira que lhe entrava pelo nariz. Insistiu o quanto pôde até que foi perdendo as forças, ficou sem recursos diante da destruição.

Mais tarde, o corpo de Zilda Arns, a médica de 72 anos nascida em Santa Catarina, missionária da paz onde quer que estivesse, seria retirado dos escombros da escola e embarcado com honras num avião militar de volta ao Brasil.

Dias depois do terremoto, quando fui à Sacré Coeur de Turgeau, o cenário onde tudo aquilo tinha acontecido, passei um bom tempo tentando entender o que tinha feito com que rochas de concreto rolassem de uma torre de mais de vinte metros, transformassem a frente da igreja num mar de pedra e poeira, e nada disso abalasse a estrutura do crucifixo que ficava naquele mesmo lugar.

Os escombros avançaram pela rua e um enorme bloco de concreto, mais alto do que qualquer ser humano, parecia um meteoro implacavelmente atirado sobre Porto Príncipe. Tinham se passado três dias da catástrofe e o cheiro dos corpos em putrefação, cada vez mais invasivo, obrigava todo mundo a usar máscaras ou amarrar lenços para tampar o nariz e a boca. Não só por causa do cheiro forte, mas porque havia temor de que epidemias pudessem se espalhar pelo ar ou quem sabe até pelos espirros.

E, enquanto caminhava sobre os blocos de concreto, tentando entender melhor a tragédia, quando aquele cheiro atordoante volta e meia se intensificava, era como um aviso de que, naquele momento, eu estava caminhando em cima dos mortos.

Era difícil encontrar explicação racional. Tive a impressão de que havia uma proteção invisível em torno daquele Jesus Cristo, fazendo com que todos os escombros dessem a volta em torno dele para, de alguma forma, manter acesa a chama do cristianismo num país que o recebeu à força. Afinal, os colonizadores europeus, e mais tarde os invasores americanos, consideravam a religião vodu um grande ato de selvageria, adoração do diabo, prova da ignorância do povo haitiano, e mais uma justificativa para dominá-lo.

Diante daquele Cristo persistente, confesso que foi uma das raras vezes em que pensei numa palavra que não cabe no meu pensamento laico. Milagre?

Mas que milagre se àquela altura o cheiro de morte tomava conta da igreja? Se um país que passou duzentos anos vitimado pelo racismo, acostumado aos massacres, subjugado ora por invasores, ora por ditadores, tentando se livrar ao mesmo tempo da miséria e da maldade alheia, ainda era despedaçado por um castigo da natureza? Milagre, um Cristo de gesso resistir mais que 300 mil cristãos de carne e osso?

Havia, sim, inúmeros milagres espalhados pela capital haitiana. Gente que não morreu porque saiu mais cedo do trabalho; que foi salva pelo engarrafamento; que estaria no banco, mas por falta de dinheiro não pôde fazer o pagamento; que viu todos os vizinhos morrerem, mas cuja própria casa, ainda mais pobre que a dos vizinhos, tinha ficado de pé; gente que sobreviveu porque não tinha dinheiro para uma casa de concreto e descobriu que o barraquinho de madeira era uma inacreditável proteção contra terremotos; gente que não tinha televisão em casa e foi ver o seriado na santa casa do vizinho; gente que naquele dia, só naquele dia, resolveu terminar a aula mais cedo e liberar dezenas de crianças que, caso contrário, estariam até hoje soterradas sob os escombros da escolinha.

Por essa conta, havia muito mais milagre do que tragédia. Que dizer, por exemplo, do milagroso salvamento do menino Kiki?

Depois de quatro horas escavando os escombros da casa dele, orientados pela angústia de quem ainda ouvia ruídos e pelo latido de cães farejadores que sabiam diferenciar um morto de um vivo, os bombeiros finalmente chegaram ao corpinho frágil do menino de sete anos.

Entre lágrimas, gargalhadas nervosas e aplausos, Kiki saiu de sua cova temporária com um sorriso interminável no rostinho magro. Saiu empoeirado, de braços abertos, mais parecendo um cristo negro de camiseta amarela.

A história do menino sorridente encerraria a reportagem do *Jornal Nacional* da quinta-feira, 20 de janeiro, nove dias depois do terremoto.

2. Nova York

Parece ironia, mas às quatro e cinquenta e três da tarde daquele dia 12 de janeiro estávamos preparando uma viagem para o Alasca. Iríamos a um dos lugares mais frios do planeta mostrar o primeiro dia de sol numa cidade que passava mais de sessenta dias às escuras. Confesso que sentia claustrofobia só de pensar que meus dias teriam apenas uma hora de luz, e mesmo assim seria apenas uma pontinha de sol.

Imaginava que seria a viagem mais difícil da minha carreira como correspondente. A viagem mais difícil da minha vida, no entanto, acabaria sendo outra.

Era uma terça-feira calma. Luigi, nosso produtor, Luis Cláudio Azevedo, um cinegrafista com trinta anos de experiência, e eu fazíamos planos sobre os casacos impermeáveis que deveríamos comprar. Pensávamos também em botas, luvas e nas estratégias que usaríamos para registrar aquele estranho fenômeno da natureza.

Foi quando apareceu o primeiro alerta nos monitores. As manchetes que surgiam praticamente ao mesmo tempo nas telas dos principais canais de notícia da tevê americana anunciavam um terremoto de grandes proporções no Haiti. A informação seca, ainda quase uma interrogação, era só o que chegava do órgão do governo americano responsável por registrar tremores de terra ao redor do planeta.

Lembro-me que a primeira nota sobre o que viria a ser uma tragédia humana, uma nota aparentemente confiável que circulou pelas agências de notícias, foi sobre o desabamento de um hotel em Pétionville, o bairro nobre de Porto Príncipe. A fonte era um cinegrafista que também dizia ter visto um homem morto por causa da queda do muro do tal hotel.

Mais tarde, descobriríamos que o hotel Montana foi palco não de uma, mas de dezenas de mortes. Naquele momento, no entanto, era tudo o que se tinha: um grande terremoto, um hotel destruído e uma pessoa morta.

Foi o suficiente para que Mônica Barbosa, a chefe do escritório de Nova York, gritasse lá de dentro do aquário onde trabalhava: "Vamos mandar uma equipe pro Haiti!". Era uma ordem para os produtores começarem a montar a logística da viagem. Mona — esse é o jeito como todo mundo a conhece no jornalismo — não disse, no entanto, quem seria o repórter escalado.

Fiquei em silêncio. Estava com um pé no Alasca e com as informações que tinha naquele momento não via motivo para assumir aquela missão, ainda mais porque havia dois outros correspondentes na redação. Foi quando Lília Teles se levantou da cadeira e foi até a sala da chefia. Na hora, não fiquei sabendo do teor da conversa. Mais tarde ficamos todos sabendo que ela tinha se candidatado.

Estaria de férias em poucos dias, iria de mudança para o Brasil em poucas semanas e rapidamente percebeu a importância daquela catástrofe. Semanas mais tarde, depois de um trabalho brilhante, numa conversa com os colegas na redação da TV Globo no Rio, Lília diria, emocionada: "Foi a cobertura da minha vida".

Em poucos segundos, assim que começaram os preparativos para a aventura haitiana, percebi que o Alasca tinha "subido no telhado". O cinegrafista escalado para viajar para o Haiti era o mesmo Azevedo com quem pouco antes eu havia planejado explorar a terra do gelo.

"Não tem problema", me disseram sem a menor chance de me convencer, "o Alasca é só na semana que vem." Caramba. Semana que vem é longe demais. Nunca diga a um repórter para esperar pela notícia da semana que vem enquanto o mundo está caindo em algum lugar!

No dia seguinte, cheguei cedo à redação. Eram pouquíssimas as imagens que brotavam das agências de notícias. Mas assim mesmo, na edição daquela noite do *Jornal Nacional*, minha missão era relatar, de Nova York, os prejuízos à infraestrutura do Haiti. Rapidamente, o número de mortos subia para a casa dos dez mil. E continuaria subindo.

Começava uma nova movimentação no escritório. Chegava pelo telefone a notícia de que Lília e Azevedo não conseguiam voo para Porto Príncipe. Fariam uma entrada ao vivo mostrando que Santo Domingo, a capital da República Dominicana, tinha se transformado no purgatório de jornalistas a caminho do inferno.

E, no inferno, os celulares não funcionavam.

FALTARIAM COMIDA E ÁGUA, faltaria tudo. Não havia também nenhuma certeza de que se conseguiria vaga nos poucos hotéis que ficaram de pé na capital devastada. O reforço que viajasse naquela noite levaria telefone tipo tijolão do século passado, um tijolão especial que funcionava por satélite e que é a única alternativa confiável quando cai a rede local; levaria também equipamentos menores para dar opções mais ágeis ao trabalho de campo; transmissor via satélite com conexão — lenta — à internet de qualquer lugar do planeta; dinheiro em espécie para se locomover por uma economia que já era primitiva e que agora mal existia; e, mais do que tudo, disposição extra para garantir que pelo menos uma matéria viajasse até a sala de controle do *Jornal Nacional* no Rio e chegasse às casas de milhões de brasileiros na quinta-feira. Enfim, era preciso mandar apoio à primeira equipe.

E foi a vez de me apresentar à capitã do time. Entrei no aquário da chefia com argumentos na ponta da língua: posso ser útil, posso ajudar a Lília na produção caso seja necessário, posso editar no computador, posso entrar ao vivo do aeroporto enquanto eles estiverem em Porto Príncipe, estou pronto e posso viajar a qualquer momento.

Podia tudo, desde que me tirassem de Nova York, que àquela altura parecia mais fria e entediante do que qualquer geleira do Alasca. Só precisava do sinal verde da chefe para correr o mais rápido possível para o Haiti.

No caminho para o aeroporto Kennedy, fui simulando mentalmente como seria a chegada. É uma velha mania de antecipar os fatos para evitar imprevistos. Como transformar aquela tralha que eu ia levando em três mochilas numa operação de guerra eficiente? Como chegar ao Haiti? Como aproveitar ao máximo cada minuto para tirar a desvantagem de um fuso horário de três horas que jogava contra a gente?

Ia pensando positivamente, acreditando que apenas quatorze horas depois do meu embarque ficaria sabendo que o *Jornal Nacional* estava no ar com uma reportagem exclusiva. Se fossem duas, muito melhor. Era preciso pensar grande, mas ainda muito cedo para qualquer conclusão.

Pela madrugada de quinta-feira, o 737 atravessou o mar do Caribe e desembarcou uma dezena de jornalistas e algumas dezenas de parentes de haitianos na capital da República Dominicana. O aeroporto de Porto Príncipe estava fechado e o jeito era pousar em Santo Domingo, rezar para outro santo qualquer e esperar que houvesse algum meio de transporte confiável para atravessar a fronteira.

COMO PARECE ÓBVIO POR CAUSA DO NOME, a ilha Hispaniola — que hoje abriga o Haiti e a República Dominicana — foi primeiro um domínio espanhol. Cristóvão Colombo lá chegou em 1492 e deu início a um processo de exterminação de nativos. Os registros históricos contam que o almirante, seus irmãos e seguidores não precisaram de mais do que algumas décadas para transformar milhões de indígenas em apenas algumas centenas de sobreviventes.

Os extintos tainos foram os primeiros escravos da ilha e, de acordo com historiadores, os primeiros escravos da história do continente americano. Morreram por causa de maus-tratos e doenças transmitidas pelos colonizadores. E assim foi preciso trazer uma segunda leva de escravos.

Vieram principalmente do Benin, do Congo e de Angola os guerreiros que no futuro se orgulhariam de fazer a única revolta de escravos bem-sucedida no continente americano.

Mais tarde, chegaram corsários franceses que pouco a pouco ocuparam o norte da ilha. O ouro foi acabando, os espanhóis se desinteressaram e os franceses avançaram. O jeito foi dividir o paraíso em duas fatias, numa espécie de Tratado de Tordesilhas caribenho. A fatia ibérica foi chamada de Santo Domingo. A fatia francesa, Saint Domingue.

A oeste, a porção francesa da ilha Hispaniola, escravos liderados pelo ex-escravo Toussaint L'Ouverture formaram um exército de mais de 40 mil homens e, ainda que de maneira fragmentada e com muitas baixas dos dois lados, derrotaram as forças estrangeiras.

L'Ouverture se mostraria tão hábil com as armas quanto com a política. Primeiro, convenceu os franceses a fazer dele um general e depois o governador-geral de Saint Domingue. Com a guerra que começou em 1791, conseguiu declarar que todos os negros estavam livres das correntes. Era a primeira colônia das Américas a abolir a escravidão, servindo de inspiração para os negros de países vizinhos, criando pânico entre os latifundiários dos Estados Unidos e lançando uma semente que só oito décadas mais tarde daria frutos no Brasil. (O feito da nossa princesa Isabel foi tão tardio que fez do

Brasil o último nesta lista, e com uma grande diferença: enquanto os haitianos fizeram uma guerra para expulsar seus captores, a abolição brasileira se deu debaixo de grande pressão mundial, cem anos depois da Revolução Francesa e com razoável consentimento da elite branca do país.)

Ao escrever a primeira Constituição do Haiti, o herói negro lançou uma terrível moda que persistiria até os nossos tempos: deu a si próprio o direito de permanecer eternamente no poder, criando o cargo de governador vitalício. Mas, ao mesmo tempo, fez nascerem as bases para o que seria um país agrícola sustentado em cooperativas e pequenos latifúndios, possivelmente o primeiro a fazer uma reforma agrária consistente, num modelo em que a pequena propriedade parecia ser a garantia de que invasor algum ameaçaria a recém-conquistada liberdade dos negros.

L'Ouverture, o homem que os soldados acreditavam ser de natureza superior, um "ser supremo", o maior herói da história do Haiti, foi capturado pelas forças de Napoleão. Pois, se até então as coisas andavam razoavelmente bem com os franceses, o novo imperador não tolerou a rebeldia na ilha que pretendia usar como base para novas incursões pelo continente americano.

L'Ouverture morreu de frio numa prisão francesa. Mas, imediatamente depois, um seguidor assumiu o comando da revolta, que àquela altura não tinha só ex-escravos, mas também os mulatos — fruto da miscigenação de franceses, espanhóis e africanos, a fatia da população que, assim que os franceses foram embora definitivamente, assumiria o papel de elite haitiana, sentindo-se superior pela mistura com os europeus e, com isso, provocando uma enorme ruptura entre a população negra e a classe política.

Portanto, em 1804, bem pouco antes de o nosso dom João VI fugir apressado das tropas de Napoleão, trocando Lisboa pelo Rio de Janeiro, bem antes de o filho dele declarar a independência do Brasil, os haitianos já tinham derrotado os espanhóis do lado leste da ilha, expulsado ingleses oportunistas que chegavam pelo norte e libertado o recém-batizado Haiti das garras dos mesmos franceses que botaram o rei português para correr. Ayiti, que significava "terra das montanhas altas", era o nome da ilha antes de Colombo.

Os escravos rebelados mataram milhares de franceses, fizeram a independência, acabaram incorporando também a parte espanhola da ilha e fizeram naufragar os planos de Napoleão para as Américas. O imperador francês pretendia, no mínimo, manter duas bases, uma no Haiti e a outra na Louisiane (hoje o estado da Louisiana, nos Estados Unidos). Tanto que o mais famoso dos imperadores franceses acabaria vendendo o então território da Louisiane para os Estados Unidos.

Fazer a independência com as próprias mãos e ainda destroçando as tropas de Napoleão Bonaparte não seria motivo de sobra para o orgulho de um povo? Mas na história do Haiti jamais haveria tempo para esse tipo de celebração. Os combates e os massacres foram tão constantes que chegaram ao nosso tempo praticamente sem interrupção.

Quase quarenta anos depois da independência, a parte leste da ilha Hispaniola finalmente fez cumprir o velho tratado assinado por espanhóis e franceses e se declarou independente da já independente nação haitiana.

Quando percorri pela primeira vez as ruas da República Dominicana, a caminho do hotel Renaissance, ainda não tinha tido tempo de entender que o país era historicamente um inimigo declarado do Haiti. Mas, naquele momento, pareciam todos preocupados com os vizinhos e dispostos a ajudar.

O dia estava amanhecendo, o sol amarelava o horizonte e eu pensei em como seria bom passar algumas horas na praia que ficava logo ali em frente. Subi ao quarto, tomei banho, troquei de roupa e pouco depois estava reunido com Lília e Azevedo, num táxi a caminho do aeroporto La Isabela.

O belo nome do aeroporto não tinha nada a ver com a confusão que encontraríamos na chegada esbaforida ao saguão de entrada. La Isabela era um aeroporto pequeno que naquele momento abrigava uma dúzia de aviões e helicópteros. Ficava mais longe do que o previsto e, mesmo chegando a tempo do suposto embarque às dez horas da manhã, teríamos de esperar porque outro grupo tinha passado na nossa frente.

Ficamos sabendo disso depois de passar pelo aparelho de raios X, entregar os passaportes e encontrar os dois japoneses que seriam nossos colegas de helicóptero. O repórter e o cinegrafista estavam ansiosos pela nossa chegada porque, por um acordo feito pelo produtor David Presas com a TV Asahi, dividiríamos com eles os altíssimos custos daquela e das próximas viagens, já que tudo indicava que seria preciso fazer viagens diárias entre a República Dominicana e o Haiti.

Como havia uma grande preocupação com a violência nas ruas haitianas e também porque provavelmente não haveria um lugar seguro para passarmos a noite, o plano inicial era sair de manhã de Santo Domingo, gravar o que fosse possível durante três horas em Porto Príncipe e, no mesmo helicóptero, voltar ao conforto do hotel dominicano.

Mas se esse era o corretíssimo plano seguro da chefia, desde que nos encontramos de manhã, já estávamos trabalhando no plano B. Deixamos o excesso de bagagem num único quarto no hotel Renaissance e levamos tudo o que seria preciso para passar pelo menos uma semana em Porto Príncipe. No aperto do helicóptero, enquanto íamo-nos familiarizando com a paisagem da ilha, fomos conjecturando sobre as possibilidades que teríamos, e não eram muitas: ou um hotel distante ou um refúgio improvisado na base militar brasileira. Qualquer das hipóteses era melhor do que a frustração de deixar o cenário da tragédia e não vivenciar aquilo nas 24 horas do dia, como acabaríamos fazendo.

A viagem entre as duas capitais demoraria quase duas horas. No caminho, Lília foi a primeira a observar como havia rios secos naquele lugar. Fomos pouco a pouco percebendo que era uma terra toda seca, desmatada por anos e anos de extrativismo devastador, incêndios criminosos e desgoverno.

Passávamos ao redor das montanhas de um país que só tem 15% de terras planas e quando surgia um povoado no vazio da planície mais parecia uma favelinha rural. Crianças nuas corriam para acenar em nossa direção. Estariam pedindo alguma coisa ou apenas se divertiam com a passagem do helicóptero? Não vimos uma única floresta naquele percurso. Só algumas plantações de banana, e quase todas na República Dominicana.

Curioso pensar que no tempo das navegações a ilha Hispaniola era conhecida como a "Pérola das Antilhas", um paraíso fértil que por muito tempo produziria mais açúcar e café do que o Brasil. Agora, o paraíso de Colombo era o deserto do Caribe.

Antes de pousar, o helicóptero sobrevoou o centro de Porto Príncipe. Foi uma passagem tão breve, apressada por uma suposta ordem recebida pelos pilotos para não desviar da rota, que só pude gravar na memória a imagem de uma grande sequência de escombros e, no meio de tudo, chamando atenção até do mais distraído viajante, as ruínas do Palácio Nacional.

A sede desmoronada do governo federal do Haiti é até hoje para mim o maior símbolo da "múltipla falência dos órgãos" daquela nação caribenha, uma falência que era muito anterior à catástrofe, mas que agora se tornava mais profunda e mais evidente.

Enquanto nos aproximávamos da pista avistei aquele que seria meu primeiro local de trabalho: um luxuoso jato da Força

Aérea Brasileira. Lá de cima, pensei, orgulhoso, que era um avião carregado de água e comida enviadas pelo Brasil. Ao chegar, descobri com certa frustração que o avião trazia o ministro da Defesa e sua comitiva. Naquela noite, depois de constatar a dimensão da hecatombe, o ministro anunciaria uma ajuda consistente, que chegaria nos próximos voos.

Mas, justiça seja feita, logo adiante acabei encontrando um avião Hércules da FAB que aguardava a chegada de empilhadeiras para começar o desembarque de donativos brasileiros. Bom, e não dava para deixar de agradecer ao ministro pela autorização passada também naquele momento para que a base militar acolhesse toda a imprensa brasileira da melhor maneira possível.

Mal sabia ele, no entanto, que, enquanto terminava a incursão pela terra devastada, eu usava seu avião ministerial, possivelmente o lugar onde ele sentaria mais tarde, para editar as primeiras reportagens que mandaríamos do Haiti. Enquanto o avião nos oferecia sombra, silêncio, ar-condicionado e energia elétrica, lá fora a única opção seria sentar no asfalto quente do aeroporto, se cercar de equipamentos, acomodar o computador sobre as pernas, torcer para que as baterias aguentassem e rezar para não ser atropelado por nenhum avião ou pelotão de bombeiros.

Foi o que eu acabei fazendo no dia seguinte, quando o jato de poltronas de couro se transformaria numa velha e saudosa miragem.

Mas ainda estávamos chegando ao Haiti e antes de editar era preciso gravar. Ao usar pela primeira vez o telefone satelital consegui uma conexão frágil com Nova York. Foi o suficiente para ouvir de Daniel Wiedeman, o chefe da produção do escritório, que Lília e Azevedo deveriam sair do aeroporto e usar o pouco tempo que tinham para registrar os prejuízos naquela região; quanto a mim, trabalhando naquele momento sozinho com a câmera, caberia a tarefa de mostrar o aeroporto, que pouco a pouco ia se transformando também em hospital de campanha, central de donativos, acampamento de militares e bombeiros, acampamento da imprensa, enfim, uma babel sem ordem, sem comando e sem torre.

A torre de comando do aeroporto estava fora do ar desde as 16h53 de terça-feira e o tráfego aéreo dependia quase que unicamente do bom senso dos pilotos. A pista do aeroporto, no entanto, funcionava a pleno vapor. Era muitas vezes ensurdecedora a movimentação dos aviões de guerra e não me esqueço de uma imagem que registrei naquele dia, quando dezenas de pessoas colocaram todas ao mesmo tempo as mãos nos ouvidos. Eram funcionários de missões diplomáticas internacionais que tentavam uma vaga nos aviões de carga para deixar o Haiti, assombrados pelo ruído de um avião de carga da Força Aérea americana.

Ao mesmo tempo em que milhares de pessoas tentavam sair, outros milhares buscavam chegar. Quem tinha ajuda para oferecer, pousava. Quem tinha perdido até a esperança, aguardava ansiosamente na beira da pista. Logo, logo, desembarcaram dezenas de policiais franceses, armados com fuzis e metralhadoras. Vieram para que guerra?

"Por que tantas armas?", perguntei ao chefe dos *gendarmes*.

"Não sabemos que condições de segurança vamos encontrar e estamos aqui para ajudar e proteger os cidadãos franceses", ele respondeu, apressado.

MAIS ADIANTE, UM ENORME AVIÃO MILITAR de carga chegava do Canadá, trazendo helicópteros e soldados. Do lado, um avião militar chileno, e outro chinês, e outros. Aos poucos, ia ficando claro que o mundo se preparava para lutar, unido, numa guerra em que o inimigo era o imponderável, um inimigo que, todos ali sabiam disso, poderia voltar a atacar. Seria preciso cautela para fazer salvamentos, combater a fome e a esperada onda de violência, porque a terra continuaria tremendo nos próximos dias.

Bombeiros de várias nacionalidades se multiplicavam a uma

velocidade impressionante. Bombeiros do Rio de Janeiro e de Brasília chegariam nas próximas horas. Homens e mulheres com suas fardas de herói e cães labradores se reuniam diante do que antes eram salas de embarque. Enquanto alguns estudavam o mapa de Porto Príncipe, outros se abraçavam, formando um círculo para ouvir as ordens do chefe. Ouviam-se gritos de guerra e os bombeiros marchavam pelo aeroporto, atravessando a última barreira que os separava do inferno.

Por volta de treze horas, horário do Haiti — dezesseis horas em Brasília —, telefonei para o escritório em Nova York para informar que tinha terminado a gravação e começaria a editar a matéria no computador. Do outro lado da linha, encontrei Daniel Wiedeman extremamente nervoso porque já havia algumas horas que não dávamos nenhum sinal de vida.

Ele tinha razão, mas nós também. Ou trabalhávamos ou parávamos para tentar uma ligação pelo telefone, que só discava ou recebia ligações se estivesse com a enorme antena apontada para o satélite. Ainda assim, tudo o que poderíamos fazer seria mandar notícias incompletas para a redação. E o tempo era curtíssimo. Do ponto de vista da redação, havia um enorme nervosismo e uma grande expectativa por parte da chefia no Rio de Janeiro, porque ninguém era capaz de dizer se teríamos duas matérias ou nada no *Jornal Nacional*.

Chegamos ao Haiti por volta de treze horas e, na pior das hipóteses, às 16h30, portanto, escassos 45 minutos antes de começar o *Jornal Nacional*, as matérias teriam que estar prontas na sede da TV Globo no Rio. E isso já seria uma heresia, se comparássemos com os prazos normais de entrega de matérias.

Eu estava terminando a primeira edição quando Lília e Azevedo chegaram com a matéria deles. Editamos o mais rápido possível e, por volta das dezesseis horas, hora local, dezenove horas em Brasília, estávamos prontos com duas matérias que somavam sete minutos.

Usando pela primeira vez um software de edição que tinha acabado de instalar, demorei um bom tempo para resolver algum problema de comunicação que até agora não sei qual era e transferir a matéria editada no computador de volta para a câmera. Só a partir da câmera conseguiríamos conectar-nos com os cabos das miniestações de satélite e fazer a transmissão.

Era um pequeno recorde, ou pelo menos parecia, porque o mais difícil ainda estava por vir.

Às 16h05, faltando uma hora e dez para o *Jornal Nacional*: como fazer para que aqueles sete minutos viajassem por um satélite qualquer, para uma central qualquer nos Estados Unidos, fizessem uma escala na nossa central técnica em Nova York, onde o sinal seria canalizado para um cabo de fibra óptica, passassem novamente pelo Caribe, atravessassem quilômetros e quilômetros pelo fundo do mar e depois, por terra, quase o Brasil inteiro, até chegarem ao Jardim Botânico?

Primeiro, era preciso alugar alguns minutos numa antena. Àquela altura, desde prestadores de serviço mambembes, um deles montado dentro de um caminhão frigorífico, a grandes empresas especializadas nesse serviço de transmissão de imagens estavam pouco a pouco se instalando em barracas improvisadas no asfalto, no gramado e até num prédio abandonado, anexo ao aeroporto.

O problema é que parecia mais fácil fazer compras na rua 25 de março, em São Paulo, numa véspera de Natal, do que comprar sete minutos de transmissão. Diante de cada antena, havia uma fila. Eram repórteres, cinegrafistas e produtores de inúmeras emissoras de tevê de várias partes do mundo. Todo mundo com pressa.

Desde cedo, nossos produtores em Nova York tentavam agendar espaço para a transmissão de imagens com as empresas mais conhecidas, como Reuters e APTN.

Faltando sessenta minutos para o *Jornal Nacional*: sem boas notícias da base em Nova York, saí com a câmera na mão em busca de alguma antena menos concorrida; Lília e Azevedo foram por outro lado porque receberam da redação a informação de que havia um brasileiro na jogada. Encontrei uma dupla de mexicanos, mas, apesar do esforço, eles não conseguiram autorização para desviar o sinal da rota Porto Príncipe-Cidade do México para atender ao nosso pedido.

Meus companheiros tiveram mais sucesso: depois de um complicado telefonema sem fio que passou por quatro pessoas na tentativa de explicar onde estava uma determinada antena, finalmente encontraram Ricardo Dias, um prestador de serviços, velho conhecido da nossa engenharia em Nova York. Assim que souberam do terremoto, em Miami, Ricardo e sua equipe alugaram um jato particular e foram para Porto Príncipe. Desempacotaram uma dezena de caixas, algumas centenas de fios, uma antena enorme, e agora apareciam diante de nós como um oásis no deserto haitiano.

O equipamento estava montado ao ar livre, debaixo de guarda-sóis. Eram emaranhados de fios ligados a monitores, ligados a uma dúzia de outros equipamentos de transmissão, abastecidos por geradores e, na última ponta, conectados às câmeras de equipes que, como nós, pretendiam mandar suas matérias para seus países. O jogo parecia vencido: tínhamos um brasileiro disposto a ajudar e estávamos agora à espera apenas de um espaço para transmitir. Apenas?

Faltando vinte minutos para o *Jornal Nacional*, Ricardo disse que infelizmente não podia garantir nada. Era uma tevê emendada na outra: os dez minutos seguintes tinham sido comprados por uma agência britânica e a meia hora depois dos britânicos era de um grupo de japoneses.

Ficamos com a câmera pronta, cabos conectados e telefone satelital em contato direto com Nova York. Como descrever o nervosismo daqueles que, do outro lado da linha, só ouviam uma gritaria em Porto Príncipe?

"E então, vai dar? Vocês conseguem gerar o material?", perguntava o chefe da produção do escritório, Daniel Wiedeman.

Ao lado dele, no controle mestre do nosso escritório, o engenheiro Júlio Larcher dava uma boa notícia: em meio ao monte de números fornecidos pelo operador da antena, tinha finalmente conseguido identificar o sinal que chegava daquele ponto de transmissão.

Faltando quinze minutos para o *Jornal Nacional*, o cinegrafista da TV britânica me avisou que estava prestes a terminar. Mas Ricardo, o dono da bola, lembrou que os japoneses estavam a cinco metros dali, diante de um equipamento de edição, cheios de imagens para transmitir.

Foi quando me dei conta de que eram os "nossos" japoneses: os mesmos repórteres que apenas quatro horas mais cedo dividiram o helicóptero com a gente eram os únicos que poderiam nos salvar.

Imediatamente, fiz a conta de cabeça, tentando imaginar que horas seriam no Japão. Sei lá, talvez 4 horas da manhã? Será que eles tinham um *Jornal Nacional* com a importância do nosso? E àquela hora?

Mas a verdade é que a conta que interessava era o dinheiro pago antecipadamente pelos japoneses, garantindo a janela de transmissão. Foi quando Ricardo gritou, animado, claramente contente de nos ajudar: "Os japoneses não estão prontos. Vamos fazer a transmissão de vocês!".

Faltando nove minutos para o *Jornal Nacional*, o operador brasileiro conectou nossos cabos no equipamento dele. Pelo telefone satelital, Azevedo recebeu sinal positivo de Nova York. E eu só tive que apertar um botão na câmera: *play*. O Brasil estava recebendo as primeiras reportagens exclusivas da tragédia haitiana. Eram matérias gravadas no calor dos acontecimentos, praticamente colagens dos relatos que fizemos enquanto fomos descobrindo aquela triste realidade.

A apenas quatro minutos do *Jornal Nacional*, recebemos a confirmação de que a matéria da Lília tinha chegado com perfeição. E, logo depois, também chegava ao Brasil o meu relato sobre o caótico aeroporto. Parecia, no entanto, que a matéria que eu tinha acabado de ver pelos monitores continuava sendo feita naquele minuto, diante de nossos olhos: o aeroporto e todos os que estavam ali eram parte da história. E eu percebia, assim, que nós também éramos personagens daquele dia inesquecível.

Logo que acabaram nossos sete minutos, apareceram os japoneses, esbaforidos, com a edição finalmente concluída. *Domo arigato gozaimasu* — "muitíssimo obrigado", foi o que eu pensei.

Não vimos, obviamente, nada do que foi ao ar no *Jornal Nacional*. Voltamos até a pista do aeroporto para entrevistar o ministro da Defesa brasileiro, Nelson Jobim, e registrar a despedida da doutora Zilda Arns.

Depois da oração, soldados colocaram o caixão no compartimento de cargas e, com o dia escurecendo, o avião decolou. Sedentos, famintos e destruídos pela tensão daquele imenso primeiro dia, recebemos a notícia de que seríamos acolhidos na base militar brasileira. Com a cerimônia encerrada e o ministro devidamente despachado para Brasília, o ônibus dos soldados partiria em poucos minutos.

No caminho até a base, ainda registramos algumas cenas noturnas que seriam exibidas no *Jornal da Globo* e no *Bom dia Brasil*. Faríamos uma nova edição, mas, dessa vez, sem tanta pressa, mandaríamos as matérias direto pelo computador, aproveitando que a base brasileira contava com uma estrutura de geradores e satélites com uma conexão rapidíssima com a internet.

A jornada que começara um dia antes, no aeroporto de Nova York, tinha agora uma última escala num colchonete, no barracão de campanha que os militares brasileiros gentilmente nos ofereceram.

3. Cozinha do Inferno

Se algum dia me preparei para o ofício de correspondente, certamente me esqueci de incluir a possibilidade de mandar notícias do inferno. Depois de uma noite ao mesmo tempo curta e de sono profundo, despertado pela música sinfônica programada no alarme de um celular que não servia para falar, quarenta horas depois do terremoto, saí num jipe do Exército brasileiro para uma incursão nas partes mais arrasadas de Porto Príncipe.

Três soldados e três oficiais fariam uma operação de reconhecimento no centro da cidade. Todos aparentemente anestesiados diante do inimaginável desastre. Tive a impressão de que, para os próprios militares, seria uma operação histórica, se não pela missão que cumpririam, certamente pelas memórias que ficariam para a vida de cada um deles.

O dia estava muito quente, a secura costumeira do país desmatado me enfiava poeira pelas narinas e eu fui trepidando na caçamba do jipe, aos solavancos. Quando aparecia um buraco no asfalto ou nas ruas de terra, era a maior bateção de cabeças.

Dispensei o colete à prova de balas que me foi oferecido por achar que, depois de ver o mundo cair sobre eles, até os haitianos menos afeitos à honestidade estariam em certo estado de torpor pós-terremoto, mais preocupados com suas perdas do que com eventuais ganhos de um assalto a estrangeiros que vinham para ajudar. Nos dias seguintes, em situações de maior risco, os soldados me obrigariam a usá-lo, mas aquela era uma quinta-feira de exceções.

Quando o carro deixou a base militar brasileira, de manhã cedo, fui jogado no caos com a violência de um choque térmico. Aliás, eu vinha de uma cidade onde o frio se aproximava dos dez graus negativos, onde há um Starbucks em cada esquina vendendo café, conforto e água San Pellegrino, onde até o mais pobre dos habitantes diariamente consegue esmola para comer um Quarteirão com fritas e Coca-Cola no McDonalds.

Na capital do inferno, nunca teve *frappuccino mocha diet*, nunca teve muita água passando pelos encanamentos, nem energia chegando pelos postes. Curioso é que, por ser uma iniciativa privada e um serviço altamente lucrativo, havia, sim, uma extensa rede de telefonia celular em Porto Príncipe antes do terremoto. Mas agora não havia praticamente nada. As torres de telefonia tinham vindo abaixo, quase não havia combustível e os postos de gasolina que não estavam em ruínas eram os lugares mais procurados. Era algo como "eu posso não beber água, mas, com gasolina, caio fora daqui". Ainda que a inflação instantânea tivesse multiplicado o número de gurdes necessárias para se comprar um galão.

E, depois de abastecer, carros que já eram dignos de ferro-velho antes do terremoto viravam disputados veículos de fuga. Caminhões igualmente velhos, quase todos coloridos com uma pintura forte, feita com louvável capricho e gosto duvidoso, lotavam com gente desesperada para sair dali, mesmo que não soubesse para onde ir.

Depois de alguns minutos, passamos por um lugar que os soldados brasileiros disseram funcionar como rodoviária. Rodoviária a céu aberto, sem guichê ou estacionamento. Os haitianos chegavam arrastando suas malas, carregando enormes trouxas de roupas sobre a cabeça e muitas vezes trazendo tudo o que era possível em cima de carrinhos de mão. Inclusive corpos, quando a rodoviária era só o caminho para outro destino.

O povo atacado pelo tremor impiedoso se amontoava numa pequena praça que resultava do encontro de três avenidas e ali brigava por espaço nos caminhões. E partia. Ora para o litoral oeste, onde o terremoto não tinha chegado; ora para o norte, também imaculado, em direção a cidades maiores, como Gonäives ou Cabo Haitiano; ora para o leste, onde com sorte atravessaria a fronteira e chegaria à República Dominicana.

Trepados, empoleirados como em paus-de-arara, espremidos entre parentes, vizinhos e estranhos, haitianos e suas famílias aguardavam pacientemente. Sabiam que, passando pelo engarrafamento que se formava nas avenidas, logo poderiam sair para longe da cidade aos pedaços. E do meio daquele amontoado, do alto dos caminhões, pais de família imploravam para os soldados de capacete azul da ONU, aqueles que pareciam ser os únicos capazes de livrá-los da fogueira: "Me dá água! Joga alguma coisa de comer!".

Mas, naquele momento, nem os capacetes azuis estavam prontos para ajudar. Não poderiam. Imagine o que aconteceria se alguém sacasse uma garrafa d'água no meio daquela multidão sedenta? Que tumulto não causaria uma oferta insuficiente de comida?

Levaria ainda alguns dias até que as forças estrangeiras organizassem esquemas seguros para distribuir comida e água em quantidades razoáveis. Enquanto isso, um grupo de militares brasileiros estava encarregado de manter a segurança de um dos depósitos do Programa Mundial de Alimentos da ONU. Major Obregón, um veterano brasileiro em terras haitianas, fez questão de me levar até lá para mostrar o tesouro escondido debaixo do zinco.

Eram sacos e mais sacos. Seis mil toneladas de farinha, arroz, milho, açúcar e feijão. Uns quinze haitianos trabalhavam carregando os sacos de um lado para o outro, organizando o que a meu ver só poderia ser uma retirada imediata de tudo o que houvesse lá dentro para satisfazer a fome de quem estava a poucos metros dali. Com 2 milhões de pessoas passando fome, quem perderia tempo? Mas logo apareceu um homem inconsolável para acabar com a minha inocência.

O holandês responsável pelo depósito falava alto, irritado, reclamando que até aquele momento não tinha recebido ordem da ONU para distribuir os alimentos. "Falta uma ordem", ele dizia. "Só falta eles darem a ordem!"

Sim, havia fartura de comida, mas o holandês suava um suor irritado porque trabalhava e trabalhava e não recebia autorização para distribuir os alimentos. A ONU demorava, pelo que ele dizia, simplesmente porque era uma organização internacional gigante, incapaz de agilizar a própria burocracia num momento de emergência como aquele. A comida ficaria trancada enquanto um burocrata em Nova York ou em qualquer outro lugar, num gabinete das Nações Unidas, não desse sinal verde para o nosso amigo holandês abrir as porteiras do galpão e começar a multiplicação dos grãos.

Sem comida, haitianos de barriga vazia imploravam por ajuda. Cozinhavam restos misturados com água para fazer uma sopa. Mas que água? A água barrenta que saía por um buraco na calçada de uma rua, a água suja que brotava de um encanamento rachado pelo terremoto em outra rua, a água dos encanamentos que eles mesmos se encarregaram de romper, a água que fosse possível encontrar e carregar nas panelas.

Não era recomendável, mas era inevitável. E eu acabei oferecendo a alguns haitianos desesperados a água engarrafada que sobrava na base militar brasileira. Lembro-me de duas situações igualmente marcantes.

Na primeira, eu estava sedento. Depois de horas na caçamba do jipe, quando finalmente pude fazer uma pausa, resolvi tomar um pouco d'água. Fui muito discreto. Abri a garrafa embaixo do banco do jipe e abaixei a cabeça para beber.

O carro estava em movimento, mas muito lento, quase parando por causa dos buracos na rua de terra. Quando aproximei o gargalo da garrafa da minha boca, senti uma mãozinha leve me agarrando pelo braço. Olhei pro lado e fui desarmado por um olhar triste. Não tive nem tempo de pensar. A menina parecia ter uns dezesseis anos e trazia um bebê no colo. Estendeu a mão e ganhou a garrafa.

Em outro momento, eu levava uma garrafa de Coca-Cola que tinha sido enchida com água filtrada na base militar brasileira. Resolvi atender ao pedido de um menino e acabei assistindo a uma cena que jamais vou esquecer: ele deu um gole, passou para o outro menino, que deu outro gole e passou para o outro, e o outro passou para o seguinte, e assim contei oito crianças dividindo a água de uma mesma garrafa de meio litro. Mas isso só aconteceu no fim da tarde.

Era quinta-feira, o dia estava começando e eu fiquei tentando entender o que fazia com que os haitianos caminhassem apressadamente em todas as direções e aparentemente sem destino.

Os soldados que me acompanhavam explicaram que aquele era um movimento normal, que Porto Príncipe sempre teve aquela aparência caótica. Mas que o vaivém tinha se multiplicado.

Ainda estávamos longe do centro, numa área menos atingida. Talvez porque as construções fossem mais pobres, e curiosamente os barracos não desabaram, talvez porque a geografia do centro e dos bairros próximos, mais montanhosa, fosse muito mais propícia a desabamentos.

A desordem e as cenas de desespero foram preparando meu espírito para o que viria adiante. A fome, a sede, a fuga desesperada, o tumulto nos postos, as filas enormes nas portas das mercearias, mais tarde, tudo o que eu tinha visto até então pareceria menos impactante.

Foi depois de uma curva, ao lado de um lixão, numa calçada de cimento tomada por moscas, que eu me confrontei com a morte numa de suas formas mais cruas, conturbadoras e ao mesmo tempo abjetas. Era bem na frente de um quebra-molas e o soldado que dirigia o jipe do Exército diminuiu ainda mais a velocidade para que eu pudesse registrar aquela imagem cruel.

Se havia moscas, era porque dois corpos serviam de alimento para elas.

Os dois corpos negros já não eram negros por inteiro. Arrastados pelas ruas, provavelmente na pá de uma escavadeira, tinham perdido longos pedaços de pele. Também não estavam completos. Foram despejados naquela calçada suja, provavelmente porque não foram reconhecidos. E, se fosse para feder, que ficassem longe das casas.

Os corpos anônimos eram de uma mulher e um homem e estão impressos na minha cabeça com muito mais força do que na fita de vídeo. Nem que eu registrasse um milhão de outras imagens, não teria como apagá-los.

Até porque, 24 horas depois, fazendo o mesmo caminho, encontrei aqueles dois corpos, jogados, exatamente no mesmo lugar.

Corpos abandonados se tornariam rotina. Muita gente morreu longe de casa e não foi encontrada. Muita gente foi arrastada pela pá das escavadeiras. Era um golpe no estômago, mas ainda havia cenas mais terríveis por ver.

Depois daquela curva, chegamos à entrada de Bel Air. O bairro central de Porto Príncipe era o mais devastado. Mais até do que no epicentro do terremoto, em Carrefour. O epicentro simbólico, porém, se é que isso existe, eu estava prestes a ver de perto pela primeira vez. O Palácio Nacional, a sede do governo haitiano, era a imagem de um país sem governo, sem esperança e sem destino.

Excepcionalmente, o comandante do Exército brasileiro, coronel João Batista Bernardes, acompanhava a patrulha pelo centro. O coronel também queria tomar parte daquela situação, entendo que precisava vê-la com os próprios olhos. Mesmo sendo um homem preparado por anos e anos de serviço militar e alguns meses de missão no Haiti, ele trazia no olhar uma expressão de espanto.

Foi ao lado do coronel que caminhei por um cenário espantoso, que não me lembro de ter visto na história recente das tragédias naturais, nem mesmo as guerras do Iraque e do Afeganistão parecem ter produzido imagens tão assustadoras.

Antes mesmo do terremoto, aquele pedaço do centro já merecia o apelido de Cozinha do Inferno. Coisa dos soldados brasileiros, que viam no mercado horroroso, a céu aberto, um lugar inóspito, imundo e violento. E, se o apelido antes soava irônico, agora nos poupava o trabalho de pensar em definição mais exata.

Saltamos do jipe e começamos a caminhar pelos escombros, registrando o horror. Com a câmera, com os olhos e com as narinas. Eram cenas tão destruidoras da alma que eu agora prefiro pensar que estiveram num pesadelo, num surto horripilante da minha imaginação, que eu agora divido com você.

Imagine um dia de sol, uma rua de terra batida, imagine que a cor do chão é a mesma dos escombros e das peles dos mortos, encobertas pela poeira das obras desfeitas e da terra remexida. É tudo cor de areia, tudo parece pó.

Descubra agora que, dos dois lados da rua, as construções viraram farelo. Os postes caíram e os cabos de energia estão atravessados, emaranhados. Tem gente indo e vindo no meio disso tudo. Sei lá para onde. Gente que só passa, não para para olhar. Não está nem aí se você está filmando, chorando ou morrendo. Você vê passar uma escavadeira com a pá levantada e lá em cima tem uma pilha de corpos.

Você caminha mais um pouco e vê fogo. Aproxima-se e descobre que o que está queimando são os restos mortais de seres humanos. Você não quer ver, mas está ali também como observador, precisa relatar pela televisão o horror na medida exata do horror. Não vai mostrar detalhes como os que você está vendo, as mãos carbonizadas que agora só têm um fiapo de osso, a cabeça queimada que depois de alguns minutos perdeu os cabelos, a pele, os olhos, o que agora é apenas um crânio. Você não vai mostrar isso no horário nobre, na hora em que os brasileiros estão jantando com suas famílias. Mas você está ali para relatar e precisa dar uma dimensão correta do que está acontecendo. Respira fundo e continua caminhando. Vê porcos comendo corpos. Não para. Vê homens escavando os escombros com as mãos porque pode ser que encontrem comida. Você registra algumas palavras diante da câmera. E, quando acorda, o pesadelo apenas mudou de cor.

Saímos da cozinha, mas não do inferno. Dobrando uma esquina, voltamos a ver a multidão em ritmo apressado pelas ruas de Bel Air. Lá de longe vinha uma carroça sem cavalos, puxada por um homem, trazendo um corpo envolvido num lençol branco rasgado. Ele passou apressado, abrindo caminho entre os que não levavam corpos, como quem tivesse hora marcada para um enterro. Mas era provavelmente pura angústia, talvez pressa de se livrar do morto, ou uma errância como a do andarilho de Nietzsche que caminha sem destino porque precisa caminhar, porque precisa estar constantemente indo para algum lugar para não descobrir que as portas da cidade estão se fechando diante do seu rosto. E diante do nosso andarilho, que saiu pelas ruas puxando um corpo como quem leva uma carga qualquer, sente-se uma sensação de normalidade. Assim me parecia porque, certamente, não haveria enterro.

Logo à frente, o açougue estava fechado. Tinha fila numa

das poucas mercearias abertas e gente revoltada do lado de fora porque o dono não queria vender pelo preço de ontem.

Começaram a aparecer na imprensa mundial imagens de saques. Supermercados que tombaram durante o terremoto estavam cheios de comida e os haitianos mais fortes trabalhavam como resgatistas do próprio estômago. Derrubando ferragens, arrancando concreto e resgatando tesouros. É ladrão aquele que rouba a comida que vai apodrecer? É saque pegar água de um ex-supermercado? Mesmo depois de doze dias percorrendo as ruas de Porto Príncipe, eu não veria a violência que tinha se tornado a grande notícia da imprensa mundial. Nem eu, nem muitos colegas da imprensa brasileira.

Havia, sim, focos de violência no centro da capital haitiana. Diariamente, a polícia trocava tiros com a bandidagem. A polícia também dava tiros por qualquer coisa, muitas vezes só para assustar a multidão em fúria. Fiquei sabendo, inclusive, que este era um hábito haitiano anterior ao terremoto. Muitas vezes, víamos pessoas gritando, apontando os dedos uns na cara dos outros, mas logo descobríamos que isso era só uma parte exaltada da cultura local. E o que a gente encontrava pela rua era um povo desolado e sempre disposto a trabalhar para ganhar algum dinheiro. Andei livremente por regiões movimentadas, andei em favelas acompanhado apenas do cinegrafista Azevedo, do colega Gilberto Scofield e de um intérprete de dezesseis anos, andei na carona de motos transformadas em táxi pela necessidade.

Sim, fui vítima de um pequeno crime: furtaram minha câmera fotográfica. Junto com Azevedo, entrevistando o povo desalojado na frente do Palácio Nacional, formou-se uma multidão em nossa volta. Tinha pedido à repórter de uma agência de notícias que tirasse umas fotos nossas. Ela tirou e logo guardou a câmera no bolso lateral da mochila; afinal, ela também precisava trabalhar. Ao mesmo tempo que nós, a repórter foi cercada pela multidão, algum malandro meteu a mão na mochila e levou minha camerazinha de cem dólares. O problema é que ali dentro estavam as melhores fotos da nossa viagem, aquelas que tiramos uma semana depois do terremoto, quando a rotina sufocante finalmente permitiu.

Mas, se pequenos furtos são normais em qualquer centro de qualquer capital, havia entre os haitianos um tipo de violência que o brasileiro desconhece. E que tenho a impressão de que a maioria dos povos desconhece. No país devastado pelo terremoto, desde muito antes do desastre, justiça é coisa que se faz com as próprias pedras.

E o crime mais duramente punido é haitiano vagabundo roubar haitiano trabalhador. Como assim? Eles não estavam fazendo saques onde quer que houvesse comida? Não era um salve-se quem puder? Sim, mas roubar comida de uma pessoa ou de uma família era crime imperdoável. Sempre foi. A punição é a pena de morte imediata, sem direito a julgamento, sem apelação e sem espera incansável no corredor da morte. A sentença para o safardana pego em flagrante é linchamento, sem atenuantes.

Por duas vezes me deparei com os réus desse julgamento sumário atirados pelo chão. Numa delas, o corpo de um homem negro estava estirado na porta de uma casa. Depois de ter sido cercado pelos vizinhos, mesmo pedindo perdão, ele recebeu uma sequência incansável de pedradas na cabeça. A cabeça trazia um rombo na têmpora esquerda e o sangue ainda escorria pela areia.

Outro homem, vítima de sentença igualmente intransigente, morreu nos fundos de um quartel brasileiro. Fora do quartel, depois do muro, numa favela que nascia ali atrás. Era mais uma vítima da própria ganância, ou desespero, e da fúria haitiana contra um crime sujo que justificava ainda mais mortes num país em que morrer antes da hora prevista por quem quer que esteja lá em cima, ou lá embaixo, parecia a coisa mais normal.

* * *

Dentro do quartel, três soldados brasileiros tinham morrido. Dois estavam sentados ao pé de um muro alto distribuindo senhas para haitianos pobres. Eram moradores daquela região que iam ao quartel à procura de atendimento no posto de saúde. O muro caiu sobre os soldados e sobre os haitianos que aguardavam na fila.

Em outro prédio, no mesmo quartel, um soldado morreu ao lado de um haitiano que também morreu agarrado a uma criança. O menino sobreviveu e foi levado para o quartel principal do Exército brasileiro. Virou o xodó das enfermeiras no hospital improvisado e lá ficou por alguns dias até que lhe encontraram um destino melhor.

Ainda na base destruída, mais de quarenta corpos foram despejados na rua de terra que ficava bem ali na frente. Soldados me contaram que eles foram enterrados sem cerimônia, cruz ou oração. E agora a população passava em cima das valas como se fosse só um tipo diferente de piso em ruas que nunca tiveram asfalto.

Se a morte parecia banal, quando a sorte aparecia era fato contado e recontado diariamente por aqueles que a testemunhassem.

O dia 12 de janeiro de 2010, para um pelotão inteiro do Exército brasileiro, era o dia da volta para casa. Para outro pelotão, que chegaria do Rio de Janeiro, seria o começo de uma dura missão. O pelotão que voltaria ao Brasil tinha feito as malas, retirado objetos e lembranças dos dormitórios da base militar e aguardava os substitutos no aeroporto. Foi pouco antes das dezoito horas, hora em que o terremoto mudaria a vida de todos. A sorte, pelo que contam os soldados, foi o atraso do avião que trazia o novo time. Por esse pequeno hiato de tempo, fatos que aconteceriam pouco antes do desastre só se efetivariam 30 dias depois. E, obviamente, sem a tragédia que os aguardava.

O pelotão que chegou atrasado para o terremoto nem viu a cor do Haiti e, sem sair do aeroporto, embarcou de volta para casa. Não faria sentido trocar o pelotão num momento em que era preciso ter soldados com experiência local para ajudar na recuperação do país. E aqueles que acabaram ficando precisaram improvisar alojamento na base brasileira.

O quartel onde eles dormiam foi completamente destruído. Se o avião tivesse chegado na hora, o novo pelotão provavelmente teria se instalado nos dormitórios minutos antes do terremoto e agora estariam todos debaixo do concreto. Se não fosse o dia de voltar para casa, quantos soldados não estariam na cozinha destruída? Quantos não estariam nos dormitórios? Quantos mais não estariam mortos?

Na Ponto Forte 23, o posto avançado do Exército popularmente conhecido como Casa Azul, morreram dez brasileiros. Foi a maior baixa do nosso Exército desde a chegada às terras haitianas, seis anos antes. Era uma casa de três andares, que os soldados usavam como base para patrulhar uma parte muito pobre de Porto Príncipe, numa das entradas da favela Cité Soleil. Como muitas construções haitianas, era um prédio frágil. E os andares foram achatados uns sobre os outros.

Ali na frente, quando chegamos, logo fomos cercados por crianças haitianas que falavam português. Pelo convívio com os soldados, elas acabaram aprendendo a nossa língua. Chegaram morrendo de sede, mas depois de beber água começaram a conversar. Soldados queriam saber se todos os "afilhados" deles estavam bem, se tinham perdido família, se precisavam de ajuda. Antes do terremoto, já era comum que soldados brasileiros escolhessem algumas crianças como afilhadas e lhes dessem roupas, comida e brinquedos.

Os meninos contaram histórias tristes, mas logo começou a brincadeira. Eles sabiam que com os brasileiros sempre havia uma piada. E, mesmo depois que parentes desapareceram e a cidade ficou aos pedaços, os pequenos haitianos, demasiadamente humanos, queriam se divertir.

4. Acampamento de correspondentes

A base militar brasileira no Haiti fica num grande descampado, uma área de chão batido e terra seca, perto de outras bases militares, a dez minutos do aeroporto e a meia hora do centro de Porto Príncipe.

Antes do terremoto, os soldados viviam em relativa calmaria, mantendo a vigilância sobre áreas que um dia foram muito perigosas, numa ocupação que tinha se tornado pacífica, sem grandes confrontos de motivação política. Havia meses, ou talvez anos, que não se disparava um único tiro. Era o que se dizia em Porto Príncipe.

Quando a desgraça caiu sobre o Haiti, naquela terça-feira 12, os soldados foram jogados de um lado para o outro. Quem estava na base dançou junto com as árvores e as antenas, que faziam movimentos elásticos, como se fossem pedaços de borracha atirados de um lado para o outro. As imagens registradas pelas câmeras de segurança da base mostram soldados cambaleantes, que mais pareciam bêbados.

Durante aqueles dias difíceis que se sucederam ao terremoto, foi nossa referência na base militar um oficial ao mesmo tempo determinado, dedicado e divertido: o coronel Alan Sampaio Santos, que nos ofereceu camas, comida e toda a infraestrutura da base. Os militares brasileiros se tornaram nossos companheiros.

Ou melhor, nós nos tornamos companheiros deles. Fosse para tomar café durante os raros minutos que sobravam, para trocar informações sobre o que acontecia no centro de Porto Príncipe, ou mesmo nas numerosas operações que nós fomos convidados a acompanhar.

Assim, o Exército e a imprensa trabalharam lado a lado. Ainda que de maneira inesperada, improvisada e — por parte dos donos da casa — com uma flexibilidade à moda brasileira que, depois de quatro anos morando nos Estados Unidos, aprendi a valorizar.

Ao receber soldados que vinham de áreas destruídas, diplomatas brasileiros que ficaram sem moradia, a imprensa brasileira que chegava dia após dia e, de quebra, alguns colegas da imprensa de outros países, a base militar brasileira enfrentava pela primeira vez o problema da superpopulação.

As mulheres jornalistas ficaram numa área de contêineres, quatro em cada segmento, em camas-beliches, com internet sem-fio e até um banheiro, onde, por causa de algum problema de tubulação, faltava água. Os homens foram alojados numa barraca de campanha nos fundos da base, perto de um muro onde, diariamente, apareciam crianças haitianas pobres pedindo água. Para quem até então não tinha a menor perspectiva de um bom sono, diante de tantos hotéis destruídos na capital haitiana, a base brasileira se convertera num excelente cinco estrelas.

Na primeira noite, éramos doze ou treze no barracão dos homens. Entre os "fundadores", representantes dos maiores veículos da imprensa brasileira, Gilberto Scofield, do jornal *O Globo*, tinha subitamente abandonado a vida política de Washington, nos Estados Unidos, para reviver a experiência de um terremoto, só que dessa vez, segundo seu próprio relato, muito mais aterrorizante que o de Sechuan, nos tempos em que Gilberto era correspondente na China. Fabiano Maisonnave, da *Folha de S.Paulo*, deixou o dia a dia apimentado da Caracas de Chávez e se juntou a um fotógrafo quando chegou à capital do país cujo presidente, ao contrário do venezuelano, parecia fazer de tudo para desaparecer. Gustavo Chacra, do jornal *O Estado de S. Paulo*, comentava que nem na guerra do Líbano, quando israelenses e integrantes do grupo Hezbollah se enfrentaram, em 2006, tinha visto tanta dizimação.

A tropa da imprensa era uma seleção fortíssima, com vasta experiência internacional. Praticamente todos tinham grandes histórias e catástrofes na bagagem. Mas o que se comentava nas conversas durante o jantar era uma conclusão unânime: nenhuma cobertura se comparava àquela.

De manhã, cada um tomava seu rumo. Raramente nos encontrávamos em meio às centenas de milhares de mortos e às centenas de milhares de vivos da capital haitiana. Mas, ao contrário do que muita gente imagina, havia momentos de camaradagem, até mesmo entre concorrentes. Um dia, quando a terra voltou a tremer, dessa vez com epicentro próximo à cidade de Leogane, rapidamente se formou um grupo que iria presenciar as consequências daquele novo terremoto. De carona no carro alugado por Fábio Pannunzio, do SBT, com gente até o porta-malas, éramos oito jornalistas até pouco depois de Leogane. Foi um caminho difícil, que só concluímos após passar pelo epicentro do terremoto do dia doze e perguntar várias vezes como se chegava a Leogane. Não havia mapa, GPS ou intérprete que nos conduzisse pelas estradas confusas que, frequentemente, passavam por dentro das cidades.

Não eram graves as consequências do novo tremor, mas, juntos, descobriríamos uma nova parte do Haiti que já tinha sofrido com a violência do grande abalo. Dia após dia, fomos nos conhecendo melhor. Em encontros bem cedo no café da manhã ou já no fim do dia, no G7, a salinha de comunicação.

* * *

Na região que servia como centro administrativo da base militar, em cada contêiner funcionava um setor do Exército. Lembro-me que o G3, por exemplo, era a sala onde os militares comandavam operações externas. Era uma das poucas que permaneciam abertas as 24 horas do dia. O G7, que ficava ao lado da sala do comandante-geral, tinha sido tomado pelos repórteres. No começo fechava às dezenove horas, mas, pouco a pouco, esse horário foi sendo estendido até as 22 ou, às vezes, 23. Soldados cansados e sonolentos esperavam pacientemente pelo fim da jornada dos repórteres. Eles também tinham uma missão importante: como parte do setor de Comunicação, com câmeras fotográficas e de vídeo, documentavam o trabalho das tropas no Haiti.

Quando o G7 fechava, os repórteres que atravessariam a madrugada nos computadores ficavam sentados nos degraus de concreto diante da sala e dali conseguiam se manter conectados à internet sem fio, mandar matérias, fotos ou o que quer que fosse para as suas redações.

A sala tinha sido desenhada para receber no máximo oito funcionários da Comunicação do Exército, mas a cada dia ficava mais lotada, com repórteres sentados até em cadeiras de praia. Vinte, trinta e, pelas contas que fiz certo dia, quase quarenta profissionais. Havia vários motivos para estarmos ali. Era aonde chegavam as informações oficiais, transmitidas em *briefings* diários, feitos pelo coronel Alan Sampaio Santos. Era também onde conhecíamos os soldados, ficávamos sabendo de informações exclusivas e operações que poderíamos acompanhar. Assim, percebíamos também como estava o clima entre os militares brasileiros. Mas o que parecia ainda mais decisivo para a aglutinação naquele ponto da base eram as tomadas com eletricidade e uma conexão muito veloz à internet, raridade naqueles dias, no Haiti. Nos momentos em que a sala estava mais vazia, mesmo depois de um terremoto, a internet funcionava tão bem quanto a que temos disponível na cidade de Nova York. A internet da base era transmitida por uma antena parabólica, via satélite, e por isso funcionava perfeitamente, mesmo quando a comunicação era praticamente impossível em Porto Príncipe.

Assim, a base militar virava não só um acampamento de correspondentes, mas uma enorme redação comunitária, onde jornalistas de empresas concorrentes compartilhavam informações, histórias tristes e muitas barras de cereal. Sem perder de vista, claro, que eram todos concorrentes.

Era tão difícil conseguir um porto seguro em Porto Príncipe — ainda mais com toda aquela infraestrutura — que a notícia da receptividade dos militares brasileiros começou a correr pela imprensa mundial. Apareceram alguns latinos e um americano tão inconveniente que virou motivo de chacota na nossa "redação".

Ele passava a maior parte do tempo na sala do G7, fazendo entradas ao vivo para um obscuro site de notícias, usando o skype para aparecer ao vivo e falando durante intermináveis minutos, como se não houvesse interrupção. Não parava de falar, falava alto e, para piorar a situação de todos, ficou pelo menos quatro dias sem tomar banho. Há quem diga que o tal americano nunca saiu da base, nem sequer para apurar as informações que transmitia. Mas deve ser exagero. Afinal, não é assim que nascem as lendas?

Os repórteres e os militares, como bons brasileiros, começaram a fazer graça do americano cheiroso. Ele disse que não tinha sabonete nem toalha e que por isso não estava tomando banho. Foi devidamente municiado e, daquela noite em diante, passamos momentos mais tranquilos no G7.

Depois do primeiro dia quase desastroso, quando por muito pouco não deixamos o *Jornal Nacional* de mãos vazias, adotamos um esquema que se mostrou muito mais eficiente. Na verdade, dividimos a carga, e os riscos, entre duas fontes de transmissão diferentes.

Lília Teles enviava o material dela alugando horário numa das inúmeras estações de transmissão por satélite que foram montadas, primeiro, no aeroporto e, mais tarde, por ordem dos americanos que tomaram conta do aeroporto, no terreno de um hotel destruído.

Ao mesmo tempo, eu usava uma segunda via. Voltava para a base, editava o material no computador e transmitia um arquivo de vídeo pela internet para a TV Globo em Nova York e no Rio.

Sem que fosse preciso combinar, Lília e eu adotamos o mesmo formato nas primeiras matérias. Fazíamos a narração dos fatos no momento em que eles estavam acontecendo. Era algo que eu tinha feito pela primeira vez em março de 2001, quando a plataforma P-36 da Petrobrás afundou na Bacia de Campos, no litoral do Rio de Janeiro, diante de apenas dois repórteres: o cinegrafista Eglédio Vianna e eu.

Aquela experiência em alto-mar tinha me mostrado que, em momentos de muita ação, quando o repórter testemunha um fato histórico, raro ou demasiadamente dramático, a melhor forma de contar o que se está vendo é dizer aquilo que vem à cabeça no exato momento da ação. Escrever depois seria certamente a garantia de um texto mais refinado. Mas, num momento de crise, o que se quer é informação e emoção em estado bruto, sem a reflexão posterior que normalmente temos ao escrever e reescrever um texto.

Assim como diante da plataforma que naufragara nove anos antes, passei a narrar os fatos que via no Haiti como se estivesse ao vivo. Lília fez o mesmo. Mais tarde, depois de conversar com colegas de redação, entendi que esse foi considerado um dos motivos para o resultado positivo da nossa cobertura.

Mas se era principalmente uma opção estética e informativa, era também uma tremenda mão na roda para acelerar o processo de edição. Normalmente, a gravação da matéria se divide em três

13 de janeiro. Fachada de prédios destruídos no *downtown* de Porto Príncipe.

13 de janeiro. Palácio Nacional devastado após o terremoto.

15 de janeiro. Imóveis destruídos nas proximidades do Porto de Jacmel.

17 de janeiro. Pessoas caminham no Boulevard Jean Jacques Dessalines em Porto Príncipe. Os braços erguidos sinalizam à polícia que atirava num grupo de saqueadores.

14 de janeiro. Imóveis destruídos pós-teremoto.

17 de janeiro. Bombeiros norte-americanos fazem buscas em prédio desmoronado no *downtown* de Porto Príncipe.

19 de janeiro. Catedral Nacional do Haiti em ruínas.

19 de janeiro. Marines norte-americanos patrulham o Palácio Nacional.

O repórter em meio à cobertura da tragédia.

20 de janeiro. Mulher caminha nas cercanias do Forte Nacional em Porto Príncipe.

24 de janeiro. Crianças haitianas aguardam em fila para receber donativos.

27 de janeiro. Mulher em abrigo para refugiados, no campo de golfe do Petion Ville Club.

27 de janeiro. Rua no *downtown* de Porto Príncipe, uma das áreas mais atingidas pelos tremores.

19 de fevereiro. Passageiros aguardam no Aeroporto Internacional Toussaint Louverture repleto de avarias.

Turistas relaxam em praia de Labadee, no norte do Haiti.

tipos de material: imagens, entrevistas e passagens — no jargão televisivo, a passagem é o momento em que o repórter fala diante da câmera. Em seguida, no processo normal, escrevemos o texto, o gravamos e enviamos tudo — seja por satélite, internet ou mesmo diretamente por fita, disco óptico ou qualquer outro suporte de dados — para um editor de texto que coordenará o processo de montagem junto com um editor de imagens.

Gravando tudo ao vivo, poupávamos minutos cruciais do processo de montagem, já que era preciso apenas juntar as partes na ordem certa, dar algum acabamento e exibir. O meu problema era que, no momento em que eu terminava de editar a matéria, muitos colegas também se preparavam para mandar suas fotografias e vídeos para o Brasil. E mesmo a superinternet da base brasileira ficava saturada, lembrando uma geringonça discada de 1900 e antigamente.

Uma matéria de três minutos para o *Jornal Nacional*, por exemplo, levava até duas horas para ser transmitida. Por isso, às vezes, era preciso usar um processo digital de compressão que reduzia arquivos de 300 ou 400 megabytes para 90 ou 100 megabytes. Para entender a gravidade do problema, basta ver que, no fim do dia, quando mandávamos uma nova matéria para o *Jornal da Globo* ou para o *Bom dia Brasil*, o G7 estava quase vazio e a transmissão dos mesmos três minutos se dava em apenas meia hora.

Era, até então, um dos dias mais tranquilos do ponto de vista técnico. Saímos bem cedo, eu, o cinegrafista Azevedo e Gilberto Scofield. Com ajuda de um intérprete, paramos um jovem haitiano no meio de um terrível engarrafamento, na frente da base, e perguntamos se ele aceitaria ser nosso motorista naquela segunda-feira. Foi praticamente uma intimação. O rapaz tinha ficado de encontrar com a noiva na porta da Embaixada dos Estados Unidos. Ela perdera os pais e os tios no terremoto. E agora, como nada mais prendia a moça em Porto Príncipe, a noiva tentava um visto para ir morar na Flórida. O noivo convertido em motorista deveria buscá-la duas horas mais tarde e quem sabe ganhar de presente a promessa de um casamento em território americano. Mas não foi.

Como a gente precisava muito de um motorista e ele precisava muito daqueles 120 dólares, o rapaz ligou para a noiva (os telefones celulares foram o primeiro serviço que voltou a funcionar parcialmente) e pediu que ela compreendesse a súbita mudança de planos. Afinal, o dinheiro daquele serviço poderia dar uma boa ajuda, caso eles conseguissem realmente sair do país. Não era uma fortuna do ponto de vista de quem aluga um carro com motorista. Mas 120 dólares para um casal haitiano em desespero depois do pior terremoto da história do país deles era quase um benção.

Levados pelo motorista improvisado, num carro que por pouco não desmontava sobre as rodas, percorremos áreas muito devastadas e vimos algumas cenas que, pela primeira vez, nos deram algum conforto.

Um mercado abrira as portas para vender produtos de primeira necessidade — menos água e comida, porque não tinha. Uma missa evangélica era rezada com alegria, a céu aberto, no pátio que ficava diante dos escombros de uma igreja. E o que chegava a ser emocionante: os três funcionários de uma lojinha destruída, onde funcionava uma barbearia e um engraxate, resolveram voltar ao trabalho, ainda que sem loja. Faziam o serviço ali mesmo, na calçada.

O primeiro lustrava uma botina marrom. O segundo tinha acabado de cortar o cabelo de um cliente e oferecia o espelho para que ele aprovasse o trabalho. E o terceiro, com uma navalha à moda antiga, fazia a barba de um senhor haitiano que acompanhava tudo com um pequeno espelho na mão.

Pois, naquele dia em que os haitianos pareciam passar a primeira mão de graxa sobre a poeira do caos, cheguei mais cedo ao G7. Pude editar a matéria com calma. Mas a história não poderia ter um final tranquilo. Foi quando chegaram a Porto Príncipe cerca de trinta jornalistas que saíram de Brasília num avião da Força Aérea Brasileira para passar uma única tarde na capital haitiana e de noite voltar a Brasília. O meu pequeno problema foi que eles chegaram exatamente no momento em que eu terminava de editar a matéria.

IMAGINE A CENA: AQUELA TRANQUILIDADE, por volta de quinze horas, poucos jornalistas na sala da imprensa e, de repente, chega um pelotão de repórteres. Era um time de primeira, com representantes dos veículos mais importantes do país, que aportava na base depois de percorrer o centro de Porto Príncipe. Cheios de energia, falantes e, o pior, com um batalhão de computadores que, de um segundo para o outro, sobrecarregaram a internet da base e me jogaram no limbo da incerteza. Outra vez. Instantaneamente, a transmissão passara de uma velocidade de cruzeiro para a lerdeza de um fusca numa estrada haitiana depois do terremoto.

Assim como eu, todos aqueles jornalistas tinham compromissos importantes a cumprir. Mas não dava para esperar uma horinha? Meia hora que fosse... Não deu para esconder a frustração de quem, minutos antes, jurava que o dia seria um mar de tranquilidade.

Corri para outra sala onde havia outro roteador, acreditando que talvez a internet estivesse um pouco melhor do que no G7. A sala também estava ocupada pelo pessoal de Brasília. Até que encontrei uma pontinha de cabo de rede livre na sala ao lado e comecei a transmissão.

A matéria chegou à ilha de edição no Jardim Botânico quando o *Jornal Nacional* já estava no ar. O editor Fernando Castro estava quase infartando quando começou a baixá-la da internet para um disco. Faltavam alguns segundos para o momento previsto para a exibição e Fernando não teve dúvida: antes do fim da matéria, encontrou um ponto em que faria sentido terminá-la e interrompeu a recepção.

Só mais tarde, depois de terminada a cobertura, eu teria tempo de assistir às matérias que produzimos. E, na matéria daquela segunda-feira, tive a impressão de que William Bonner leu o texto de introdução com uma velocidade bem menor do que a normal. Era como se alguém tivesse soprado no ouvido dele: "Lê devagar porque a matéria não chegou, está chegando... agora chegou...".

Os espectadores, claro, não tiveram a menor ideia do sufoco que se abateu sobre Porto Príncipe, Nova York e Rio de Janeiro. Mas, outra vez, por muito pouco não ficava um vazio no *Jornal Nacional*.

O sufoco da internet era proporcional ao espaço cada vez menor que nos restava no barracão. Alguns dos repórteres e fotógrafos que chegaram de Brasília conseguiram convencer os militares a deixá-los ficar e reforçaram a cobertura de seus veículos. Assim, o número de moradores no nosso "barracão dos jornalistas homens" saltava dos doze ou treze iniciais para 26. Os colchões ficaram tão próximos uns dos outros que o jeito foi colocar a mochila no meio para suavizar o ronco do fotógrafo que passou a dormir do meu lado.

Se havia uma vantagem naquela superlotação era que, com mais gente, o frio diminuía. Apesar de os dias serem muito quentes em Porto Príncipe — como era de se esperar num país desmatado, de clima desértico —, ao cair da noite o frio vinha com toda a força. E a manta fina que vinha no "kit correspondente" oferecido pela base não era suficiente. O jeito até então tinha sido dormir de meias, calça e, às vezes, casaco para suportar o gelo. Mas agora, com a chegada do pessoal de Brasília, o aquecimento global estava garantido no barracão.

O único marajá da imprensa era o companheiro Fábio Pannunzio. Repórter muito viajado, comprou mantimentos e duas barracas de nylon antes de sair da República Dominicana num carro alugado. Ele e o cinegrafista montaram acampamento do lado do nosso barracão e cada um ficou com seu quarto particular. Nas poucas horas em que podiam dormir, roncavam como anjos.

A CHEGADA À BASE era um momento agradável. Apesar do inegável impacto psicológico e do excesso de trabalho para todos ali, a reunião entre jornalistas e militares brasileiros sempre tinha seus lances de descontração. Mas não pense que estavam todos contentes com a nossa presença. Logo num dos primeiros dias, um soldado me abordou muito tenso, dizendo: "Estou com raiva de vocês! Vocês da imprensa vieram aqui pra tirar nossa tranquilidade e ficam assustando as nossas famílias com o que 'cês' tão dizendo sobre o Haiti".

O soldado estava no pelotão que deveria ter voltado ao Brasil no dia do terremoto e, como era compreensível naquela situação, sofria um profundo estresse. Primeiro, por tudo o que estava presenciando. E, depois, por ver sua permanência em terras inóspitas ser adiada por tempo indeterminado, provavelmente muito além do que ele tinha imaginado quando aceitou trocar a comodidade do quartel no Rio de Janeiro por um salário duas vezes maior num país miserável e desconhecido.

Dois dias depois, no entanto, reencontrei o soldado. Ele veio apertar a minha mão e, ainda com o olhar esbugalhado, disse que o comentário dele não se referia a mim, porque ele tinha ficado satisfeito ao ver que a reportagem do *Jornal Nacional* emanava respeito aos militares brasileiros. Confesso que senti algum foi alívio.

CERTA NOITE, RESOLVEMOS SAIR DA BASE à procura de um pouco da vida normal na cidade arrasada. Com sorte encontraríamos um bar e tomaríamos uma cerveja.

Éramos uns nove ou dez jornalistas dispostos a explorar as vizinhanças da base militar. Guiados pelo orientadíssimo Fábio Pannunzio, chegamos a uma birosca de beira de avenida. Era o que havia. O que esperar de um país que já era miserável antes do terremoto e agora não tinha nem energia? Desde que ninguém se aventurasse a comer, estava ótimo.

O grupo rapidamente aumentou com a chegada de dois bêbados locais que não paravam de puxar assunto, na língua local, o crioulo. Enquanto tentávamos nos desvencilhar dos bêbados, pedimos cerveja para todos. Mas já no fim da primeira lata estávamos prontos para voltar à base. Não dava para dizer se era a qualidade da cerveja ou se nosso corpo não estava disposto a suportar uma única dose de álcool. O fato é que, com apenas uma latinha, muitos acordaram com dor de cabeça no dia seguinte.

Além disso, não havia nada de reconfortante naquela incursão haitiana. O mesmo clima de tristeza atravessava o dia e a noite, e no caminho entre a base e a birosca passamos mais uma vez por um dos vários acampamentos montados por famílias haitianas no meio da rua. Eles colocavam pedras para separar o caminho dos carros das barracas que improvisavam no asfalto. Assim, tendo o céu como telhado, muitos permaneceriam naquela situação por meses a fio. Alguns tinham medo de voltar para casas que haviam resistido, mas poderiam cair a qualquer momento. E muitos outros ficaram completamente sem casa. Nas duas situações, a saída era dormir ao relento.

Talvez pareça inadequado contar nossa vida quase confortável na base militar brasileira, enquanto milhares e milhares de haitianos dormiam praticamente de olhos abertos com medo de serem roubados em seus acampamentos. Mas o que fazer? Nossa missão ali era dizer ao mundo o que estava acontecendo no país arrasado e essa missão estava sendo cumprida. Os próprios haitianos também encontravam momentos mais relaxados, para sorrir ou contar um *causo*, ainda que momentaneamente. E, insisto, havia milhares de bombeiros para fazer os resgates.

Fiz bons amigos ali, na base brasileira. Tanto militares quanto jornalistas. Não consigo imaginar como teria sido complicada a nossa vida sem os jantares coletivos, sem a companhia desses ótimos colegas, sem o suporte da equipe do coronel Alan Sampaio Santos e de todos os militares que nos acolheram.

5. Americanos

Confesso que não sei exatamente o que procurei naqueles instantes em que fiquei analisando os formulários com a data de 12 de janeiro de 2010.

Sentia certo frio na barriga. A data, já naquele momento, tinha o peso de um momento histórico inapagável. E, enquanto lia os nomes, as nacionalidades e as datas de nascimento, fui construindo pequenas histórias na minha cabeça.

"Esse deveria ser um diplomata francês... talvez estivesse dentro de um carro e por isso escapou... três pessoas com o mesmo sobrenome, uma família haitiana, provavelmente gente rica... para ter chegado dos Estados Unidos... pela data de nascimento, essa mulher aqui tem 47 anos, ou tinha?" E assim fui divagando em silêncio, tentando imaginar quem teria sucumbido ou sobrevivido. Não encontrei nenhum nome brasileiro.

Fiquei algum tempo analisando a papelada de imigração que, claramente, tinha sido deixada às pressas por funcionários que correram do aeroporto no momento em que ele começou a tremer. Imaginei a correria quando os pedaços de saguão que agora eu via espalhados pelo chão começaram a cair sobre as cabeças deles; quando, provavelmente, os funcionários uniformizados, com a bandeira azul e vermelha estampada no ombro, gritaram: "Entrem todos, o documento não interessa mais!".

Ou talvez tenha sido diferente. Funcionários concentrados nos seus carimbos, cumprindo seu dever cívico de decidir quem podia e quem não podia entrar no Haiti, talvez tenham sido atropelados por quem estava na fila, depois que o chão tremeu, quando alguém gritou pela primeira vez "terremoto!".

Despertei do estado semiconsciente, viajante, quando me ocorreu que talvez fosse ilegal mexer em documentos oficiais de imigração, mesmo estando eles abandonados no chão de um aeroporto que agora não tinha sequer um funcionário para dizer quem podia ou não entrar no país.

E assim não me restava dúvida de que as regras que nós inventamos para tornar a nossa existência possível de nada servem numa tragédia. Pelo menos, não imediatamente após a tragédia.

Isso foi ainda no primeiro dia, poucas horas depois de saltar do helicóptero que nos levara da República Dominicana ao Haiti, me sentindo como um soldado que chega de paraquedas ao campo de batalha, depois de horas de trabalho ininterrupto para enviar as primeiras reportagens ao Brasil, quando eu finalmente parei para olhar com atenção o lugar que até então era a entrada principal do país mais pobre das Américas.

Era um saguão de pé direito muito alto, com janelas compridas e quatro guichês de madeira escura que davam ao setor de imigração do aeroporto Toussaint L'Ouverture a aparência de um confessionário. Vozes reverberavam, emboladas pelos corredores vazios. Não eram confissões, eram exclamações. Ouvia também o som das botinas de soldados e dos bombeiros que vez por outra passavam apressadas por um corredor anexo. E, naquele saguão vazio, vasculhei os guichês empoeirados como se eles pudessem revelar algum tesouro, alguma informação perdida sobre aqueles que haviam escolhido o pior de todos os dias para chegar à capital da eterna miséria.

Fiquei por alguns minutos imaginando como teria sido o movimento no aeroporto nos segundos que antecederam o terremoto. Depois, imaginei o momento exato, às 16h53. Atropelamento? Pessoas pisoteadas? Pavor? Uma saída organizada? "Arranquem-se daqui o mais rápido possível", teria sido o que gritaram pelo alto-falante? Disseram alguma coisa? O alto-falante funcionou?

Contemplei por mais alguns instantes aquela repartição pública com aparência de igreja até me aproximar um pouco mais e perceber que a papelada da imigração estava espalhada pelas mesas, pelas cadeiras e pelo chão. Era naqueles guichês agora desertos que os funcionários do aeroporto recebiam formulários, revisavam passaportes e emitiam as permissões de entrada, carimbando a data e o nome do porto por onde se estava entrando no Haiti. Os formulários, agora empoeirados, eram verdes ou brancos. Acho que os primeiros para haitianos e os outros para estrangeiros. Jean-Claude, Marcelle, Philippe, Patrick, Benoît, Jean-Marie, Claude, Marie, Sandrine... quase todos, nomes franceses. Mas no espaço reservado à nacionalidade aparecia, na mesma língua francesa, o adjetivo: "haitien". Li também alguns nomes que me soaram estranhos, certamente trazidos da África, nomes que agora não saberia reproduzir.

Em outros formulários, os nomes de estrangeiros que chegavam para visitar ou, mais provavelmente, trabalhar em alguma missão diplomática. Talvez estivessem chegando para reforçar uma das dezenove forças que formavam a Missão das Nações Unidas para Estabilização do Haiti. Minustah é a sigla que identifica o programa internacional que, desde a saída do presidente Jean-Bertrand Aristide, em 2004, foi a garantia de certa paz naquele pedaço da ilha Hispaniola.

Mas que ninguém se preocupasse com a baderna no aeroporto: a lei e a ordem estavam a caminho. *Law and order*, diriam os visitantes, seguros de que todos eram fãs do seriado homônimo e entendiam perfeitamente a língua deles. Logo, logo, por cima do caos, seria fincada a famosa bandeira azul, branca e vermelha.

Depois de me acostumar com a ideia de que o aeroporto era um lugar comunitário para profissionais de todas as espécies e nacionalidades, dei de cara com os novos "funcionários da imigração".

Foi quatro dias depois da nossa chegada. Os soldados que daquele momento em diante tomavam conta do aeroporto eram quase todos brancos e loiros. Havia também negros, mas eram outros negros. Homens articulados, bem alimentados e musculosos, que em nada lembravam os mirradinhos da polícia haitiana. A bandeira que eles traziam no uniforme só por coincidência tinha o azul e o vermelho daquela que tremulava no alto do aeroporto. Mas tinha também listras e estrelas brancas, e uma conhecida mania de se fazer onipresente e tomar conta de tudo o que via pela frente.

Há quem diga que eles são arrogantes. Há quem diga que fazem o trabalho que ninguém tem moral, arma ou dinheiro para fazer (é o que eles próprios gostam de pensar). Há quem os deteste porque "querem mandar no mundo". Há também quem os admire porque, sem estes controvertidos xerifes, "o planeta seria muito mais perigoso". Em Porto Príncipe, os americanos estavam em casa.

Se é verdadeira a crença da religião vodu, de que os espíritos dos mortos, principalmente aqueles que não partem pacificamente e com enterros dignos, podem realmente passear em volta de nós, por duas vezes os americanos teriam feito o cara que deu nome ao aeroporto, o herói da independência Toussaint L'Ouverture, tremer debaixo da terra e fazer qualquer negócio para voltar ao mundo dos vivos. Voltar para lutar, por duas outras vezes, contra os invasores americanos.

As duas ocupações americanas foram no século passado. A primeira durou dezenove anos, entre 1915 e 1934. E, ao que tudo indica, foi uma "invasão preventiva", no melhor estilo americano (como aquela que George W. Bush fez em 2003 ao invadir o Iraque). Para impedir que um líder antiamericano popular e populista chegasse ao poder, cerca de quatrocentos fuzileiros navais desembarcaram em Porto Príncipe no dia 28 de julho de 1915 e, menos de um mês depois, botaram quem eles queriam no Palácio Nacional.

O lado benfeitor dos invasores prometeu recuperar as finanças do Haiti e — já naquela época — prometeu também *law and order*, com a criação de uma polícia nacional. Os americanos teriam se dado ao trabalho até de escrever uma Constituição para o pobre povo haitiano. E a nova Carta tinha algumas novidades que facilitavam a vida de estrangeiros que quisessem, benevolentemente, investir no Haiti.

O governo amigo criou monopólios na produção de banana, açúcar, tabaco e cimento e os entregou a empresas cujos nomes agora se escreviam em inglês. Ficaram famosas, naquela época, histórias de humilhação: americanos brancos e ricos desdenhando os haitianos negros e pobres. Era só mais lenha no velho ódio dos haitianos pelos forasteiros de pele clara. Surgiu, assim, mais um exército de sangue nativo.

Charlemagne Péralte juntou milhares de homens, conseguiu fazer renascer o espírito libertador que levara à independência, mas, logo, logo, foi assassinado e pregado numa cruz. Virou exemplo para que os outros revoltados soubessem o que acontecia com as ovelhas negras num rebanho em que ovelhas mulatas eram a elite obediente e as ovelhas brancas, a minoria que mandava no pedaço.

Mas as ovelhas mulatas começaram a se cansar das ovelhas brancas e convenientemente convidaram as ovelhas negras a pastar juntas enquanto necessário fosse.

Depois disso, militares haitianos ficaram no poder até a chegada do mais famoso ditador da triste história daquele país: François Duvalier, o Papa Doc.

Era um corrupto que mais tarde se revelaria homicida e que transferiria o poder a outro corrupto homicida, o filho Baby Doc. E assim se fez uma ditadura que ao longo de 31 anos promoveu massacres e até vendeu — literalmente vendeu, exportou, cobrando três dólares por litro — o sangue do povo haitiano para ser usado em hospitais dos Estados Unidos, Suíça e Alemanha. (Não deve ser coincidência que a ditadura dos Duvalier, com forte inclinação militar, tenha começado e terminado mais ou menos no mesmo tempo que a ditadura militar brasileira: durante a Guerra Fria, num tempo em que os americanos tinham pavor do comunismo e patrocinaram militares linha-dura para servir de cães de guarda anticomunistas onde quer que achassem necessário.)

Enfim, além de criar as bases para a ditadura descaradamente corrupta dos Duvalier, a primeira ocupação americana deixou algumas obras de infraestrutura e uma terrível lembrança do racismo vigente também nos Estados Unidos naquela época, com atos brutais e profundo desrespeito pelos nativos.

QUANDO VIAJEI COM UM GRUPO de jornalistas brasileiros para ver os estragos que o terremoto tinha feito numa região a uma hora da capital, chegamos a uma feira livre e as crianças começaram a gritar em nossa direção: "Blanc, blanc, blanc!".

Era curioso porque "branco" soava como xingamento, mas era dito com um sorriso meio debochado no rosto. Talvez porque para meninos e meninas do interior do Haiti fôssemos apenas uns sujeitos estranhos de pele azeda. Mas não me restava nenhuma dúvida de que aquele era um ato racista da parte deles, certamente um racismo aprendido dos pais e que muito mais corretamente deveria ser chamado de aversão. Mais tarde, eu seria chamado de "blanc" várias vezes. E sempre pelas crianças. Talvez porque eram as únicas que não tinham melindres para falar o que pensavam.

Não era comigo. Não era com os brasileiros, adorados pela ocupação amigável. Era aversão à cor da pele daqueles que por cinco séculos sempre chegaram para roubar alguma coisa, ainda que fosse só a dignidade.

A SEGUNDA OCUPAÇÃO AMERICANA tem pouco mais de uma década. Três anos depois que um golpe militar tirou do poder o ex-padre Jean-Bertrand Aristide, o primeiro presidente democraticamente eleito da história do Haiti, os americanos conseguiram apoio da ONU para liderar uma força multinacional de 20 mil homens e devolver o poder ao presidente deposto.

De volta ao poder, içado do exílio pelas mãos dos Estados Unidos, Aristide governou, aparentemente, bem mais domesticado. Aboliu o Exército nacional, contratou uma empresa americana para cuidar da segurança da família e concordou com a presença americana — que acabou se estendendo por cinco anos. O objetivo declarado por Washington, ainda que tardiamente, era garantir a permanência do presidente democraticamente eleito. Outro motivo para a permanência das armas americanas era garantir que Aristide fosse simpático aos estrangeiros e saísse do cargo um ano depois, assim que acabasse o mandato.

Na hora marcada, o ex-padre socialista saiu, deu lugar ao primeiro governo de René Préval (o presidente que praticamente sumiu depois do terremoto) e voltou mais uma vez pelo voto direto. Só que o mesmo diplomata americano que segurou a mão de Aristide para levá-lo de volta ao Palácio Nacional em 1994 voltou dez anos depois para arrancá-lo do poder.

Existem versões conflitantes sobre esse momento da história do Haiti: Aristide fugiu do país para não ser morto ou foi sequestrado por soldados americanos? Foi, de fato, levado para um exílio forçado na África a bordo de um avião americano?

Aristide jura que foi sequestrado, há livros documentando o assunto, mas a verdade histórica depende de quem conta e, normalmente, quem tem mais força escreve a versão que se eterniza. E o que mais se lê nos livros de história é a versão de que o presidente haitiano saiu do país voluntariamente, para salvar a própria pele. As tevês americanas noticiaram o fato na época usando imagens que, segundo defensores de Aristide, eram antigas — e, portanto, mentirosas. Nas tais imagens supostamente falsificadas, o então presidente aparece se despedindo dos ministros e embarcando voluntariamente num avião.

Fato que ninguém discute é que desde a primeira ocupação, em 1915, os Estados Unidos nunca deixaram de mexer os pauzinhos e os fuzis para garantir um Haiti amistoso e capitalista.

Quando mais uma vez voltei ao aeroporto de Porto Príncipe, às dezesseis horas do dia 17 de janeiro, cinco dias depois do terremoto, tive a impressão de estar diante da terceira ocupação americana.

Nos dias que antecederam aquele domingo, sempre que precisei entrar no aeroporto para enviar imagens via satélite para o Brasil, tudo o que eu tive que fazer foi pedir licença às dezenas de haitianos que ficavam na porta oferecendo trabalho, me espremer na multidão e atravessar a porta de vidro.

Mas agora dois soldados americanos tomavam conta da entrada principal. Disse-lhes que era da imprensa brasileira e que faria uma entrada ao vivo. Negativo. Mostrei a câmera, o microfone. "Sorry, but that's not enough, sir!" Não era suficiente.

Os soldados queriam um documento que eles reconhecessem como válido, algo que fosse aceito em território americano e que tivesse uma fotografia minha. Com medo de assalto, eu havia esvaziado a minha carteira, tirando cartões de banco e de crédito. Tirei também uma carteira de motorista emitida pelo estado da Califórnia, mas alguns documentos ficaram esquecidos numa parte interior da carteira.

Mostrei, então, minha carteira de motorista brasileira. Era um documento oficial, com foto e data de nascimento. Os soldados não se interessaram. Não eram capazes de entender os dizeres em português e, portanto, não me dariam salvo-conduto.

Cocei a cabeça, olhei para o relógio e fiquei muito preocupado com o horário. Tinha que fazer uma entrada ao vivo no *Fantástico*. Procurei mais um pouco para ver se, por acaso, não tinha deixado a carteira de motorista americana em algum canto, esquecida. E acabei encontrando a salvação.

Era uma carteirinha de plástico bem vagabunda, com uma foto minha de casaco de nylon, barbado, uma carteira com validade de um ano e expiração prevista para o mês seguinte. Os soldados examinaram o documento e ficaram claramente satisfeitos. Cumprimentaram-me e me disseram que, da próxima vez, trouxesse minha carteira da Califórnia; por fim, me deixaram passar.

Era um cartão de sócio do supermercado BJ's. Incrível, mas plenamente compreensível diante do *modus operandi* a que tinha me habituado nos Estados Unidos. A carteirinha de acesso ao supermercado que só vende no atacado me garantiu o acesso a uma área que dali para frente os americanos considerariam de suma importância em sua operação humanitária no Haiti. Afinal, eu descobria que eles não eram tão inflexíveis.

Horas depois, saindo do aeroporto pela mesma porta, encontrei o engenheiro de uma empresa que, desde as primeiras horas, prestava serviço para tevês do mundo inteiro que mandavam notícias sobre o terremoto. O profissional tinha deixado seus documentos na barraca que havia cinco dias estava montada na beira da pista do aeroporto. Saiu pensando que, como nos dias anteriores, as portas estariam abertas. Mas pelo menos nos quinze minutos em que eu acompanhei a confusão, ele ficou detido na porta. Se ao menos tivesse a carterinha do BJ's!

No dia seguinte, uma imagem impactante ganharia as manchetes internacionais. Um enorme helicóptero das Forças Armadas americanas foi filmado pousando no gramado do Palácio Nacional, o lugar que antes do terremoto era a sede do governo haitiano. Era uma imagem tão forte que realmente parecia o começo de uma ocupação. E tenho minhas dúvidas se os americanos não estavam conscientes disso quando fizeram aquele pouso espetacular.

Veio-me à cabeça a cena que entrou para a história como o símbolo da derrota dos americanos no Vietnã: em 1975, o helicóptero saindo às pressas da embaixada americana em Saigon (a cidade que logo em seguida mudou de nome para Ho Chi Minh), levando os últimos funcionários embora. Era uma lembrança pelo avesso, mas, na minha cabeça, fazia sentido.

A chegada triunfal no Palácio Nacional seria, pelo que eles disseram publicamente, apenas para ajudar a retirar os feridos do hospital que ficava ao lado e levá-los para o navio-hospital que acabava de atracar em Porto Príncipe. O pouso espetacular do helicóptero tinha provocado uma enorme irritação entre os militares brasileiros. Uma irritação sublimada pela impotência diante da superpotência, mas livremente expressa no interior da base.

Antes do terremoto, era o Brasil que chefiava a ação militar da missão pacificadora da ONU. Mas, como confidenciaria um oficial brasileiro que mantenho anônimo porque não quis confirmar suas declarações diante das câmeras, "agora que os americanos chegaram, infelizmente, nós vamos ficar em segundo plano".

Não era covardia, era pragmatismo. Os Estados Unidos anunciariam em seguida o envio de 7 mil soldados para ajudar na reconstrução do Haiti. O contingente brasileiro era de pouco mais de 1.300. E, mais tarde, o número de americanos chegaria a 20 mil.

O mesmo oficial que não quis confirmar as declarações diria que "a presença dos americanos causa certo incômodo, eles usam muito isso de imagem, fazem marketing". Horas depois, no entanto, o oficial negaria o que disse diante de quatro repórteres. Afirmaria que havia, sim, coordenação com os americanos e que eles lhe haviam garantido que sua presença se restringiria às ações humanitárias, não haveria nenhum tipo de operação de segurança, até então um monopólio brasileiro em Porto Príncipe.

Numa transmissão entreouvida pelo rádio dos militares, no entanto, jornalistas brasileiros ficaram sabendo que os americanos haviam impedido, ou pelo menos atrasado em muitas horas, o pouso de aviões da Força Aérea Brasileira que chegavam com mantimentos. Nos bastidores, foi um grande mal-estar, mas ninguém admitiu publicamente que havia esse descrédito quanto às boas intenções dos americanos. Ouvi de oficiais de baixa patente que o Brasil daria o troco, fazendo uma grande movimentação no gramado do Palácio Nacional para entregar água e comida a milhares de haitianos.

A operação começaria no dia seguinte, antes do nascer do sol. A imprensa que acampava no quartel foi convidada e dividida em dois grupos que sairiam entre quatro e cinco horas. Depois de conversar secretamente com um oficial que me garantiu que presenciaríamos uma cena espetacular de afirmação da força brasileira, o cinegrafista Azevedo e eu decidimos nos juntar ao primeiro grupo e saímos às quatro horas, acompanhando um pelotão.

Era um amanhecer muito bonito na cidade destruída. Na caçamba do caminhão que levava a tropa, aproveitamos para tirar fotografias da cidade e ao lado dos soldados que, àquela altura, eram companheiros de batalha. Mas algo os obrigou a mudar os planos. A informação oficial era de que o avião que traria os donativos não havia chegado a tempo (provavelmente porque não recebera autorização para pousar, como se entreouviu horas antes pelo rádio dos militares). E assim a operação havia sido redesenhada. Iríamos a uma favela de situação muito precária conhecida como Cité Militaire.

Azevedo registrou mais uma comovente distribuição de comida e água que faria parte da nossa matéria no *Jornal Nacional*. Era uma favela plana, sem morro, onde haitianos desabrigados dormiam em barracas de plástico. As crianças defecavam no lixo, por onde passavam os porcos, por onde zanzavam as moscas.

Era motivo de orgulho ver a nobre ação brasileira na distribuição de comida, mas confesso que me frustrava não ver a bandeira verde e amarela fincada no gramado do Palácio Nacional.

Assim que terminou a entrega de donativos, por via das dúvidas, Azevedo, uma repórter que trabalhava para uma agência de notícias e eu subimos nas garupas de motocicletas para ver como andavam as coisas no centro.

Chegamos por volta de oito horas e, mais uma vez, eram os americanos que tomavam conta do gramado. Mais um helicóptero pousava na frente do Palácio de onde, dias antes, René Préval parecia comandar o Haiti. Era mais um golaço dos "reis do marketing" (para usar a expressão do oficial brasileiro).

Resolvi perguntar à multidão de haitianos que assistia ao espetáculo se eles sabiam o que os americanos faziam no Palácio Nacional e se, por acaso, sabiam onde estava o presidente René Préval. Ninguém soube responder. Um operário que estava sem trabalho por causa do terremoto tinha ouvido dizer que o presidente estava no aeroporto. Préval, na verdade, estava acampado num prédio policial, a poucos metros do aeroporto. Mas era como se o presidente não existisse. No Palácio dele quem dava as ordens eram os soldados do país que nos últimos 95 anos tinha cuidado do Haiti como quem evita o crescimento de ervas daninhas no quintal de casa.

Foi nessa confusão que furtaram a minha câmera fotográfica. Ainda tentamos recuperá-la, um haitiano exaltado gritou pedindo que a câmera fosse devolvida, mas já era tarde.

Subimos de novo nas motos com a intenção de ver como estava naquele dia a famosa Cozinha do Inferno, a região do centro que tinha sido completamente destruída. Mas nem deu tempo de chegar. Logo estávamos na cola de dois tanques de guerra dos Estados Unidos. Demorei a acreditar no que estava assistindo: os tanques faziam uma ronda pelo centro, como se estivessem numa guerra, à procura do inimigo.

Os soldados, claro, perceberam que estavam sendo seguidos. Mas não nos importava. Agora eu trazia, inclusive, minha carteira de motorista americana. Fomos gravando tudo o que eles faziam. E, assim, nosso registro atestava que o centro de Porto Príncipe tinha sido completamente tomado por soldados americanos. Eles tinham bloqueado a rua que dava acesso ao hospital público. Controlavam o trânsito. E decidiam quem podia ou não passar por cada parte daquela região.

Não me esqueço de uma imagem marcante que usamos na reportagem do *Jornal Nacional*: dois soldados haitianos, parados, literalmente admirando a passagem do comboio americano. Perguntei ao chefe do grupo americano o que eles faziam com aqueles tanques no centro da capital.

"Segurança", ele respondeu. Segurança? Mas essa não era uma atribuição dos brasileiros? Aliás, naquele momento não se via um soldado brasileiro no centro de Porto Príncipe. Insisti com o capitão americano e ele, apressado, voltando em direção ao tanque, disse que eles estavam ali para garantir a segurança do centro e permitir a passagem de ambulâncias e outros carros que vinham trazendo feridos.

Mais tarde, me disseram que o sobe e desce de helicópteros no Palácio Nacional também se devia ao transporte de feridos. Precisava fazer o heliporto no Palácio Nacional? Não tinha nada menos espalhafatoso? Ficamos sabendo também que alguns feridos estavam sendo levados direto para a Flórida. Numa exceção por causa da tragédia, os Estados Unidos estavam permitindo a entrada de estrangeiros sem visto ou passaporte para receber tratamento. E até mesmo haitianos que não estavam gravemente feridos, apenas pela situação de desespero no aeroporto, acabaram sendo levados para os Estados Unidos.

Mas veja, leitor, a notícia que sairia no *New York Times* quase três meses depois: "Retirados às pressas do Haiti e então presos por falta de visto". Mais de trinta haitianos estavam em prisões da Flórida num labirinto kafkaniano que em nada combinava com a ação humanitária daqueles que se lançaram a Porto Príncipe para salvar as vítimas do terremoto.

Pouco depois, aparentemente por causa do impacto negativo da notícia publicada no jornal mais importante dos Estados Unidos, as autoridades da Flórida anunciaram a libertação de quarenta haitianos naquela mesma situação. Entre eles, estavam os irmãos Jackson Ulysse e Reagan Ulysse. Jackson tinha só vinte anos e disse que os barulhos na cadeia faziam com que ele temesse por um novo terremoto. O jovem haitiano contou que entrava em pânico porque se um terremoto acontecesse na cadeia ele não seria capaz de fugir. No terremoto real, Jackson e o irmão Reagan ficaram presos com outros parentes no apartamento onde viviam. Alguns morreram e, por causa dos ferimentos, os dois acabaram sendo dirigidos para uma imigração instantânea para os Estados Unidos.

Se o terremoto não os separou, os carcereiros do Broward County Transitional Center, em Pompano Beach, se encarregaram de fazê-lo. Reagan foi levado para outra cadeia, o Krome Detention Center, em Miami. E os dois só se reencontraram depois da libertação. Mas isso foi muito depois.

No *Jornal Nacional* da noite de 21 de janeiro, ainda no calor do terremoto, a notícia era a forte presença americana. Na minha cabeça, persistia a pergunta: seria possível que os americanos estivessem dispostos a uma terceira ocupação? Estariam se aproveitando da fragilidade do país para colocar em prática algum plano escuso de avanço pelo Caribe? Não que Barack Obama não pudesse tomar uma decisão daquelas. Seria ingênuo esquecer que, num país rico onde o espectro político está sempre à direita do resto do mundo rico, guerras e ocupações são alternativas que circulam com intimidade pelo Salão Oval da Casa Branca. Mas, depois de uma longa reflexão, fui levado a concluir que não: pelo menos naquele momento, os americanos não estavam ocupando o Haiti.

6. Milagres

"Tem um brasileiro vivo no Christopher!" Foi a informação incorreta que me chegou atravessada, supostamente depois de checada e repetida por um enorme telefone sem-fio. Teria sido transmitida por um bombeiro brasileiro que trabalhava nos escombros do Hotel Christopher ao seu chefe na mesma base militar brasileira onde eu estava. Depois — sem que nós, no Haiti, soubéssemos de qualquer coisa —, a suposta informação chegou à assessoria de imprensa dos Bombeiros no Rio de Janeiro, que entrou em contato com a redação da TV Globo. Foi assim que a suposta notícia chegou até nós, num telefonema às 22 horas.

Ouvi quase em silêncio o que me dizia a produtora do outro lado da linha e comecei a arquitetar o plano de ação. Não poderia sair imediatamente porque ainda estava concluindo uma matéria que iria ao ar na manhã do dia seguinte e não podia largar tudo por causa de mais um suposto milagre soprado pelo telefone sem-fio, que, de tempos em tempos, tocava com estardalhaço. Mas, dessa vez, havia um brasileiro na história e era preciso checar. Mesmo que só voltássemos à base às três horas, como acabou acontecendo.

Enquanto terminava a edição da matéria para o *Bom dia Brasil* no computador, fiquei pensando em como ter acesso ao Hotel Christopher, um dos poucos lugares do Haiti onde a imprensa raramente podia entrar e que, além de tudo, ficava a meia hora de carro da base militar brasileira. Tínhamos chegado de helicóptero a Porto Príncipe e àquela hora não encontraríamos motorista nem pagando caro.

Quando estava quase terminando a matéria que precisava entregar, passaram por mim o fotógrafo e o repórter de um jornal brasileiro, dois caras simpáticos com quem já tinha trocado figurinhas e que, além de não serem concorrentes diretos, estavam de carro. Contei a história, eles prontamente se interessaram e partimos em direção a Pétion-Ville, o bairro rico de Porto Príncipe.

Na entrada, diante da barreira de soldados paquistaneses, mostramos nossos telefones de satélite para convencê-los de que estávamos ali para levar equipamentos aos bombeiros brasileiros. Naquela hora não tinha jeito: era conversa fiada ou viagem perdida.

Fazia algum tempo que o Hotel Christopher tinha virado a sede da missão da ONU em Porto Príncipe. E se havia tanta segurança no lugar era porque lá dentro morreram mais de 150 pessoas, entre elas, o chefe da missão, o tunisiano Hédi Annabi, e o subchefe, o respeitado diplomata brasileiro Luiz Carlos da Costa.

Quando finalmente chegamos ao local das escavações, onde antes do terremoto ficava a entrada principal do hotel, nos demos conta da gravidade do que tinha acontecido ali. Os corpos dos dois diplomatas que chefiavam a missão haviam sido retirados naquele mesmo dia e a imagem que a gente via era a de mais um corpo emergindo da massa de terra e ferros retorcidos que a escavadeira lentamente levantava. Lentamente porque tinha gente viva ali dentro. Não dava para fazer grandes movimentos de terra. Poderiam acontecer novos desabamentos. E os próprios bombeiros corriam risco. Canhões fortíssimos de luz davam ao hotel devastado a aparência de um terrível cenário cinematográfico. Mas o cheiro forte não deixava dúvidas: estávamos numa cena real, testemunhando uma tragédia real, num momento delicado e de muita expectativa por novos salvamentos.

Conta a lenda dos resgates que equipes chinesas trabalharam arduamente no local, mas só queriam retirar corpos identificados como chineses. Eram oito diplomatas chineses participando de uma reunião justamente com Annabi e Costa. Os chineses teriam retirado todos os corpos que estavam ao redor da mesa: os oito chineses, o chefe tunisiano e o subchefe brasileiro. E quando não havia mais nenhum conterrâneo no local, pelo que nos contaram bombeiros que trabalharam nos escombros do hotel, os chineses teriam limpado a poeira das mãos e batido em retirada.

Contaram os bombeiros brasileiros que eles fizeram resgates de sobreviventes, mas que os americanos roubaram a cena, chamando equipes de tevês americanas e aparecendo no noticiário nacional como os grandes e únicos benfeitores.

No momento em que estávamos ali, a segurança era paquistanesa, as mãos fortes eram brasileiras e a supervisão, americana. A notícia de que um brasileiro estaria vivo ali dentro, mandando mensagens de texto pelo celular, não se confirmaria jamais.

Os quatro militares brasileiros que estavam a serviço na sede haitiana da ONU foram pouco a pouco sendo encontrados pelas equipes de resgate, mas todos mortos. No total, dezoito militares brasileiros morreram no terremoto.

De qualquer forma, nossa autorização para permanecer no local do resgate mais criteriosamente vigiado de toda Porto Príncipe, aquele que atraía a atenção direta de governos de várias partes do mundo, foi interrompida em pouco mais de dez minutos por bombeiros brasileiros, que temiam represália dos colegas paquistaneses. Eles pediram para sairmos, e não restou alternativa.

Descendo a ladeira, havia outro foco de luz quase tão forte quanto o do Hotel Christopher.

Vinte e seis bombeiros americanos trabalhavam, agora sim, sem ajuda de outros bombeiros, no alto do que um dia fora o prédio de uma agência do banco haitiano Unibank. Mas a história que a gente acompanharia dali para frente começara à 16h53 de terça-feira.

O expediente na firma de engenharia estava prestes a terminar e o gerente já arrumava seus pertences para repetir o que fazia quase todos os dias: desceria a ladeira a pé e, poucos prédios abaixo, encontraria sua mulher.

O casal tinha o hábito de se encontrar às dezessete horas na porta do banco. Por sete minutos, ela não se salvou. O gerente correu pela rua até a porta do banco, mas quando chegou já encontrou um cenário de escombros.

Nos dias que se seguiram, o marido ouviu os gritos desesperados da mulher, cada vez mais miúdos, se transformarem apenas numa respiração frágil. Dois funcionários tinham sido resgatados com vida. E, enquanto houvesse esperança, os bombeiros e o gerente que procurava pela mulher continuariam ali. Os cinco andares do banco tinham se reduzido a dois montes de entulho. Acompanhamos tudo do segundo andar de uma obra que ficava bem ao lado do banco destruído. Ali também estava o engenheiro arrasado, ao lado de dois amigos que se revezavam para dormir e acompanhar o resgate.

Os resgates que se espalhavam pela capital haitiana eram um grande improviso. Ainda que, antes da tragédia, houvesse 12.650 militares estrangeiros no Haiti, não havia plano de emergência, nenhum manual com o título "O que fazer em caso de terremoto". Os capacetes azuis estavam ali havia seis anos e tinham se acostumado à missão de patrulhar ruas e controlar regiões até então muito perigosas da capital haitiana. E agora, para tornar tudo ainda mais difícil, além de cuidar dos haitianos, precisavam resgatar os colegas que estavam sob os escombros do Hotel Christopher. Vivos ou mortos, eles teriam que ser retirados.

Quando parecia não haver mais esperança, seis dias depois do terremoto, a equipe internacional de bombeiros se enfileirou formando um corredor. Lá do meio dos escombros surgiu uma maca que foi sendo passada de mão em mão como um troféu. Aos 48 anos, o diplomata dinamarquês Jens Kristensen renascia nos braços dos bombeiros.

Com as costelas aparecendo, muito fraco, o dinamarquês ainda encontrou forças para sorrir. Com os olhos ofuscados pela claridade, depois de mais de cem horas na escuridão dos escombros, Jens respondeu aos questionamentos dos bombeiros sobre sua saúde, estava respirando perfeitamente.

Mas presenciamos também outro tipo de milagre. Não muito longe do Hotel Christopher, num dos supermercados mais caros de Porto Príncipe, a multidão que aguardava ansiosamente por uma oportunidade de entrar e levar qualquer comida que encontrasse pelo caminho teve de esperar uma semana. O tamanho da recompensa justificava qualquer espera para os futuros invasores.

Se a capital andava faminta, lá dentro tinha fartura de enlatados, embutidos, biscoitos, arroz, feijão, água e qualquer coisa mais que não perecesse facilmente. Foi preciso fechar a rua e deixar, em cada lado, um policial haitiano armado com espingarda para evitar que a multidão avançasse em direção ao enorme mercado.

Na porta do Caribbean Market se concentravam 46 bombeiros americanos. Parecia uma cena de filme. Eles se abraçavam. Repetiam gritos de guerra. Arquitetavam a estratégia e voltavam a entrar nos escombros.

Entre a multidão faminta e os bombeiros obstinados, a imprensa aguardava o desfecho. Horas antes, eles tinham conseguido resgatar três pessoas com vida. A notícia que fez os bombeiros se deslocarem para lá chegou pelo celular. Foi algo como: "Estamos vivos, dentro do supermercado Caribbean, somos mais de cinquenta, venham nos salvar!".

A entrada do supermercado desabou, várias partes vieram abaixo, mas lá dentro formou-se uma espécie de caverna onde os soterrados encontraram abrigo. E ali ficaram sem saber se as paredes do supermercado entrariam para a história como salvadoras ou tumba coletiva.

Os bombeiros falavam em 56 sobreviventes. Quando chegamos, eles se comunicavam com um homem e uma mulher que diziam estar em perfeitas condições de saúde, bebendo a água que estava nas prateleiras e comendo a comida que estava no chão do supermercado destruído.

Era preciso muita sorte para ver o teto cair sobre a sua cabeça e ficar incólume, protegido por prateleiras ou paredes, ainda por cima com água e comida mais fartas do que para quem tinha sobrevivido e estava agora na segurança da cidade a céu aberto, mas sem a opulência daqueles escombros sortidos.

Vez por outra, os bombeiros saíam correndo. A cada vez que algo rangia era como se tudo pudesse desabar sobre eles. Havia ainda o risco latente de um novo terremoto surpreender os bombeiros quando eles estivessem lá dentro. Mas os rostos dos salvadores não exibiam medo. Mostravam um profundo cansaço, suados, sujos, empoeirados. E por muitas vezes eles precisaram se sentar sobre os escombros para recuperar as forças.

A equipe se alternava e assim aguentou cinco dias. Fizeram ainda outros dois resgates. E só pararam quando não havia mais o menor sinal de vida dentro do supermercado. Ainda que houvesse mais de cinquenta pessoas e a maioria não tivesse sido salva, os cinco resgates foram motivos de uma enorme celebração.

Era mais uma história emocionante numa capital tão cheia de histórias tristes. Lília Teles e o cinegrafista Azevedo registrariam outra: a difícil retirada de uma mulher viva, grávida, dos escombros causou muita comoção quando foi exibida no *Jornal*

Nacional. Era o trabalho de bombeiros brasileiros se juntando aos esforços de milhares de colegas de outros países para diminuir a agonia de um país aos pedaços. Mas se havia mais de 200 mil, mais de 300 mil mortos, como afirmaria mais tarde o governo do Haiti, cada vida que se salvava era um grande e inesquecível milagre. Foi assim, e talvez de maneira ainda mais impressionante, quando, 27 dias depois, a rede de tevê americana CNN exibiu imagens do homem que seria o último resgatado daquele terremoto.

Talvez o simples número não dê a exata dimensão da angústia daquele haitiano, provavelmente só ele saberá o que é passar 27 dias soterrado, vivo, sem saber se poderia sair. Repito: um, dois, três, quatro, cinco, seis, sete, oito, nove, dez, onze, doze, treze, quatorze, quinze, dezesseis, dezessete, dezoito, dezenove, vinte, vinte e um, vinte e dois, vinte e três, vinte e quatro, vinte e cinco, vinte e seis... vinte e sete dias! Se você provavelmente quis pular esses números enquanto estava lendo porque pareceu uma sequência muito longa, imagine multiplicá-los por horas e minutos?

Evan Muncie passou aproximadamente 9.720 minutos debaixo de ferro e cimento, no mercado onde diariamente vendia arroz. Há relatos de pessoas que passaram meses sem comer. Mas quanto tempo aguentariam sem água?

Quando chegou ao hospital, fraco, Evan contou que uma pessoa vestida com um manto branco vinha diariamente jogar água para ele por entre os escombros. Alucinação?

Auxiliado por uma alma caridosa vestida de branco ou por alguma outra existência milagrosa, o fato é que Evan tem obrigatoriamente que ter bebido água para resistir tanto tempo. Não há indícios de que o rapaz tenha comido, porque nem mesmo o arroz cru que ele vendia estaria ao alcance da mão soterrada. Evan era praticamente pele e osso, tinha feridas em várias partes do corpo, mas provavelmente não teria sequelas.

O olhar assustado de quem provavelmente se lembrará daqueles 27 dias a vida inteira era a imagem do último milagre no terremoto haitiano, ocorrido três dias depois de o governo local ter declarado o fim dos resgates, porque, afinal, ninguém mais esperava milagres.

7. Estrada para Labadee

Como era a vida no Haiti antes do terremoto? Quanto daquela tragédia que estávamos vendo em Porto Príncipe era normal para os haitianos? Seria verdadeira a crença que se criou no mundo de que o país inteiro estava destruído?

Era preciso sair de Porto Príncipe para buscar respostas. Naquele momento, duas semanas depois do terremoto, cidades distantes eram como túneis do tempo, viagens ao passado. Só pegando a estrada poderíamos conhecer um país que, na capital, tinha praticamente deixado de existir.

Deveria haver outro Haiti que até então permanecera oculto — talvez porque a quantidade de más notícias era avassaladora e faltasse tempo para explicar que havia uma parte do país onde a vida seguia como antes; ou talvez porque, como dizem alguns teóricos, jornalistas são "criadores de consensos" e de certa forma era mais simples esquecer do resto e transmitir a ideia de que o Haiti estava arrasado por completo.

Passei dois dias negociando a contratação de um guia que falasse português e um motorista que tivesse carro para nos levar para Labadee. Descobrimos que aquela praia no extremo norte do Haiti era o ponto mais visitado por turistas estrangeiros, principalmente americanos, que desciam de navio da Flórida pelo Golfo do México. Lá, funcionavam resorts particulares de duas empresas que oferecem cruzeiros de luxo ao redor do planeta: a Celebrity Cruises e a Royal Caribbean. E se Labadee estava no roteiro era porque tinha alguma semelhança com o paraíso.

Dias antes, na base militar brasileira, fui apresentado a um intérprete que todo mundo conhecia como Azul. O verdadeiro nome dele era Benoit Azôr. Um haitiano que, segundo o dialeto da base brasileira, era o melhor exemplo de um *bombagai*.

Bombagai em crioulo significa "coisa boa", e por tabela "gente boa". Mas, na adaptação brasileira, virou "sangue bom". Era o apelido que os brasileiros usavam para se referir a todos aqueles haitianos que viviam em torno da base, tinham aprendido um bom português e serviam de intérpretes para as tropas.

Azul era *bombagai* dos melhores. Tinha crachá e permissão para circular livremente pela base militar. Como guia na nossa viagem para Labadee, ganharia em três ou quatro dias os 300 dólares que ganhava ao longo do mês. Mas era tão importante na base brasileira que não obteve permissão para decolar.

Azul apresentou um substituto: o *bombagai* Robenson Vincent. O jovem haitiano tinha perdido a casa no terremoto e, desde então, encontrara abrigo para a mulher e o bebê na base brasileira onde trabalhava como intérprete. Trezentos dólares era um tesouro também para Robenson e ele não só conseguiu dispensa da base como arranjou um motorista.

Bibi era tio de Robenson. Um haitiano na casa dos cinquenta anos, que não falava muito e vivia com a mão na buzina. Não era conhecido na base, não falava português, mas era um tremendo *bombagai*.

Foi com essa dupla de haitianos que o cinegrafista Azevedo e eu saímos da base militar que nos acolheu nas últimas duas semanas para uma viagem imprevisível por estradas que não fazíamos ideia de como seriam. Fomos num carro com 225 mil quilômetros rodados e eu tive certeza de que ele não aguentaria o tranco.

O primeiro imprevisto aconteceu com três minutos de viagem. Contrariando o único pedido que fiz a Robenson na véspera da viagem, o tio Bibi não abasteceu o carro. Chegou de tanque vazio porque não queria pagar do próprio bolso, apesar de inúmeros avisos de que todos os custos seriam por nossa conta.

Fiquei irritado, confesso. Acordar às quatro horas, preocupado com a evidente fragilidade do carro, e de saída comprar gasolina adulterada, vendida por ambulantes numa pracinha de Porto Príncipe, não era o começo de jornada com a qual eu poderia sonhar.

Dois homens gritavam o preço e Bibi negociava. Era pelo menos 30% mais caro do que num posto de gasolina, mas àquela altura havia enormes filas nos postos e, como muitos estavam fechados por falta de combustível, incrivelmente, o mais indicado era comprar gasolina adulterada e superfaturada de um vendedor de quem, em condições normais, eu não compraria nem uma caixa de fósforos.

Sugeri que, em vez de encher o tanque, comprássemos apenas alguns galões. Era menos risco para o motor do carro se a gente pudesse completar com uma gasolina levemente menos adulterada, que acabamos comprando uma hora depois.

E foi logo em seguida que o velho Jeep vermelho começou a engasgar, tossir como tuberculoso e parar diante de três burros na estrada que margeava um rancho, na beira da praia.

Os celulares dos *bombagais* não funcionavam e só com o telefone de satélite conseguimos contato com um amigo deles, que morava a quinze minutos de onde estávamos. Perguntei se ele não teria outro carro para trocar pelo Jipão, mas o que nos apareceu meia hora depois foram dois mecânicos em cima de uma motocicleta sem placa.

Àquela altura eu já tinha trocado a camisa comprida por uma camiseta, o tênis por uma havaiana e o entusiasmo por uma grande dúvida sobre o sucesso da nossa viagem. Era sexta-feira e tínhamos um dia e meio para gravar as curiosidades que pudéssemos encontrar pelo caminho. Precisávamos contar uma história inédita no *Fantástico* que iria ao ar na noite daquele domingo. Precisávamos mostrar o que não tinha aparecido nas notícias, um país que ninguém, afora os haitianos, tivesse visto até então. E, sem carro, não tínhamos a menor chance.

Os mecânicos-motoqueiros fizeram alguns diagnósticos, tentaram várias soluções. O carro até pegava, mas logo parava. Quem descobriu a pólvora foi Azevedo, cinegrafista com farta experiência em viagens e enguiços pelas combalidas estradas do interior do Brasil. "Isso aí é bomba de combustível, não tem erro!", ele disse, enquanto gesticulava diante dos mecânicos que, depois de ouvir a tradução de Robenson, acabaram concordando.

Eles fizeram nova viagem até o vilarejo onde moravam, voltaram com a tal bomba de combustível e deram sinal verde para a nossa viagem. Àquela altura, eram nove horas e o dia parecia perdido. O carro ainda deu umas engasgadas, mas... era mesmo a bomba, *bombagai*... o carango pegou no tranco para nunca mais parar. E a buzina também não parou.

É indiscutível questão cultural. Como até mesmo na capital é raríssimo encontrar um semáforo, só buzinando os motoristas avisam uns aos outros que estão passando e, assim, tentam se esquivar dos acidentes. Se não tem semáforo, você pode ter imaginado que os carros também não param nos cruzamentos. Exatamente. É na base da negociação olho no olho, para-choque contra para-choque, que se decide de quem é a vez no trânsito mais enrolado que eu já vi. Mais até do que o vespeiro de motocicletas do Vietnã.

Assim, nossa caravana desengonçada viajava a quarenta quilômetros por hora, nos momentos rápidos, e perto de zero quando a estrada era de pedras ou quando passávamos por alguma cidade.

A primeira parada foi em Saint Marc. O vilarejo era, enfim, uma imagem de normalidade haitiana. E por normalidade entenda-se muita confusão.

O porco passou berrando a caminho da panela, amarrado, em cima de um carrinho de mão. Os bodes atravessaram a rua como se a vida fosse um eterno marasmo. E os meninos ofereceram telefone público, via celular, em aparelhos à moda antiga colocados em cima de banquetas de madeira.

Na rápida parada, deu pra sentir certo alívio por ver a vida mais alegre, ainda que pobre e castigada pela falta de tudo o que para a maioria de nós é líquido e certo, como a água que para eles não sai da torneira. Muita gente passava com galões de água. Muita gente ficava parada, de braços cruzados, só apreciando a movimentação naquilo que, apesar do lixo no chão e da poeira que quase cegava, parecia ser a avenida mais rica de Saint Marc.

Biiiiiiiiiiii... biiiiiiiiiiiiiiiii... A buzina voltava a disparar, o carro retomava o rumo do norte e, enfim, eu entendia por que o nosso motorista se chamava Bibi. Ou pelo menos era o que eu inventei na minha cabeça enquanto ouvia o toque insistente, finalmente curtindo aquela nova incursão por um país onde a única coisa previsível é a miséria do povo.

Na beira da estrada, a paisagem foi mudando e paramos para filmar lavradores nos campos de arroz. Era hora do almoço, por volta de onze horas. Os camponeses tinham parado para descansar à beira de um córrego.

De longe, deu para ver que estavam todos comendo. Mais perto, descobrimos que a comida era puro arroz. A papinha de arroz em cumbucas que pareciam feitas de casca de coco era tudo o que eles comiam na hora do almoço. Os plantadores de arroz não gostavam de ser filmados — aliás, ninguém gosta de ser filmado enquanto come. Nos despedimos e seguimos adiante.

Esperava encontrar plantações de café, o que afinal é o principal produto de exportação dos haitianos desde que o açúcar deixou de adoçar as finanças do país. Mas não vi plantações nem tive nenhuma chance de tomar cafezinho numa padaria haitiana. Também não pude descobrir se existem padarias no Haiti. Mais adiante, nosso intérprete avisou que passaríamos pela cidade mais perigosa do país.

Gonäives teve papel decisivo em diversos momentos da história. Foi, por exemplo, onde se posicionou o exército de duzentos guerrilheiros — supostamente patrocinado pelos Estados Unidos — que seis anos antes ameaçou derrubar o presidente Jean-Bertrand Aristide. Uma das versões que se contaram sobre a suposta fuga de Aristide para a África envolvia certo temor de ser assassinado por golpistas que estacionaram em Gonäives e nunca se aproximaram da capital.

Desde então, a cidade no centro do Haiti ficou conhecida como refúgio de bandidos. E era onde estaria grande parte dos mais de mil prisioneiros que ganharam liberdade compulsória depois que o terremoto derrubou as paredes de uma das maiores cadeias de Porto Príncipe. Por conta disso, fechamos os vidros e passamos em velocidade máxima — talvez uns 60 km/h — pela temida Gonäives.

Seguindo placas enganosas, fomos obrigados mais uma vez a atravessar o centro da cidade perigosa. Passamos por bairros pouco habitados e, enfim, nos chegou como alívio a imagem de uma estrada sem asfalto cercada por uma vegetação seca, ocupada por vidas secas e uma menina que fugia da câmera como se fugisse de um sequestrador.

Azevedo tentou registrar a imagem da menina de prováveis quatro anos carregando água na cabeça por um caminhozinho estreito de terra no meio do mato. Mas ela correu como lebre, escondeu-se como tatu.

Pelo que nos contava o intérprete Robenson, e talvez aquela imagem nem precisasse de legenda, a fuga era só uma reação acostumada de quem vive num país onde menores são, frequentemente, vítimas de abusos.

Sete horas depois de deixar a base militar em Porto Príncipe, era possível dizer que tínhamos alguns retratos do Haiti. Retratos sem escombros, sem desabrigados e sem corpos. Mas com a mesma tonalidade de miséria empoeirada.

A feira onde nossos guias locais decidiram almoçar era o primeiro lugar onde eu via comida farta em terras haitianas. Nas bacias de metal, as mulheres limpavam as escamas de peixes mirradinhos, depois esfregavam limão e jogavam tudo no óleo alaranjado que fervia. Os restos escorriam para o chão e serviam de alimento para moscas. O peixe frito era servido junto com banana frita e outras frituras na barraquinha ao lado, onde Robenson e Bibi se fartavam, falantes e sorridentes. Provavelmente riam da atitude inapropriada dos dois visitantes, que ficaram apenas olhando, enquanto a vida acontecia em sua forma plena no interior do Haiti.

Homens velhos e crianças nos cercavam pedindo água, dinheiro ou o que fosse. No país mais pobre das Américas, onde a renda média é de dois dólares por dia, a simples matemática dizia que um dólar garantia meio dia. Só que, mais uma vez, não dava para fazer distribuição de dinheiro ou de alimentos. Um senhor mais persistente, com uma prótese no lugar da perna esquerda, nos acompanhou até o último minuto e, fazendo o possível para que ninguém percebesse, dei três dólares para que ele comprasse comida.

Além da fritura, a gente poderia comer arroz, frutas e verduras, mas a única forma de alimento que me pareceu segura naquele momento foram alguns pedaços de cana-de-açúcar vendidos numa barraquinha no fim da feira. O sol começava a baixar quando finalmente chegamos à segunda maior cidade do Haiti.

Cabo-Haitiano tinha quase 200 mil habitantes, construções muito parecidas com as da capital e, pelo que nos contaram, um aspecto muito parecido ao de Porto Príncipe antes do terremoto. A cidade que foi a primeira capital do Haiti preserva casas coloniais e uma belíssima catedral. Fica no extremo norte da ilha e, pela proximidade atual dos Estados Unidos, é a mais visitada. No passado servia como ótima escala para os navegadores franceses a caminho da Louisiana — na época em que o estado americano da Louisiana era ainda um enclave francês ao sul da América do Norte.

Cabo-Haitiano, para os haitianos, é Kapayisyen, o que, aportuguesando, soa como "Capêichan". Quando chegamos, o centro da cidade estava parcialmente fechado. E por dois motivos solenes: a passagem de dois funerais.

Era um contraste enorme com o que nos acostumáramos a ver nas duas semanas anteriores em Porto Príncipe. Se na capital os corpos ficaram espalhados pelo chão, numa cidade onde a vida seguia normalmente, a morte era encarada com muita cerimônia.

Na frente, uma banda de metais tocava um jazz triste que lembrava os cortejos da quase vizinha Nova Orleans, nos Estados Unidos. Era o anúncio de que o corpo estava passando. Em seguida, um parente desolado carregava um grande porta-retratos com a fotografia do morto. Atrás dessa foto, seguia um grupo extremamente bem vestido, formado pelos parentes mais próximos. As mulheres com véus sobre o rosto e flores na mão. Os homens, inclusive as crianças, vestiam ternos escuros. No que seria uma terceira ala do cortejo, um grupo de choradeiras profissionais, contratadas exclusivamente para aquela ocasião. E, por fim, um grupo maior, no qual provavelmente estavam os amigos do morto e da família.

Nos cortejos com jazz em Nova Orleans, chega um momento em que a música triste ganha vivacidade e vira praticamente um carnaval. Os Jazz Funerals são uma forma de dizer que depois da tristeza da morte, haverá alegria no céu. Mas no jazz funerário do Haiti, só havia tristeza.

Era certamente o enterro de um cidadão respeitado e com algum dinheiro para pagar tudo aquilo. A cerimônia terminava numa capela que, para os padrões locais, poderia ser considerada rica.

Foi uma surpresa alentadora perceber o tamanho do cortejo que se dedicava a um único morto, quando milhares deles eram carregados em empilhadeiras e jogados em valas comuns na capital daquele mesmo país. E ainda mais alentador era ver que dois enterros com a mesma dignidade aconteciam quase ao mesmo tempo, deixando claro que não era por acaso. Também não era coincidência, me confirmava Robenson: antes do terremoto, era comum ver enterros assim em Porto Príncipe.

Mas, honestamente, o que eu gostaria de ver era um pouco de alegria. Depois de encarar uma tragédia que mudaria para sempre a maneira como eu vejo a vida, cairia muito bem algum tipo de conforto, algo que me lembrasse que, mesmo quando uma parte do mundo parece o fim do mundo, existem outras onde a precariedade da existência é encarada com mais normalidade e menos desespero. Queria apenas que fosse possível acordar, atravessar o dia e dormir sem ver um corpo abandonado; sorrir, ainda que um sorriso tímido, em alguma esquina do país que eu só conhecera na tragédia.

Aquelas nove horas de estrada, temperadas pela picardia de Azevedo e pela alegria aparentemente ingênua dos haitianos Robenson e Bibi, pareciam ter servido para aliviar em todos nós o peso esmigalhador da tragédia. Mas o dia não terminara.

Depois de um último pedaço de estrada, um caminho de terra sinuoso e enlameado que beirava o mar do Caribe, chegamos a um pedacinho de praia onde estavam estacionados vinte e poucos barcos de pesca. Era, enfim, a praia de Labadee.

Daquele ponto de vista, não era nenhum paraíso. Pelo contrário. A parte da praia que servia de porto tinha areia escura e estava delimitada por uma cerca de arame coberta por uma tela de nylon que praticamente nos impedia de ver o que acontecia na parte festiva da praia. E, aparentemente, era para isso mesmo: a tela separava o miserável Haiti do paradisíaco Haiti; separava o país inteiro de uma pontinha de areia que para milhares de turistas seria a imagem idealizada de um paraíso caribenho.

Na correria dos pescadores para nos oferecer trabalho, optamos pelo mais rápido, aquele que primeiro se aproximou de nós. Um cara alto e malandríssimo chamado Leslie.

No barco que levava o nome do dono, fizemos uma rápida aventura pelo mar de Labadee. Leslie avisou que não poderia se aproximar do enorme navio que estava ancorado ali na frente porque "se não os seguranças não me deixam mais trabalhar aqui".

Os seguranças a que Leslie se referia trabalhavam para a empresa Celebrity Cruises e tinham a missão de impedir que haitianos anônimos atrapalhassem o descanso dos turistas na praia particular que enfim se revelava atrás da cerca de arame.

Chegamos tarde. Só deu para ver alguns turistas nas luxuosas espreguiçadeiras e uma meia dúzia de adolescentes fazendo suas últimas manobras antes de estacionar os jet skis. Mais tarde, da beira da prainha onde passaríamos a noite, veríamos o gigantesco navio Solstice, com as luzes de suas centenas de escotilhas acesas, buzinar três vezes um grave adeus à ponta desgarrada do país deprimido.

A bordo do Leslie, fomos até o vilarejo que ficava do outro lado da mesma enseada. De longe, o barulho da música e as luzes dos fogareiros nos deram a impressão de que encontraríamos um lugar turístico, quem sabe com alguns restaurantes onde comeríamos pela primeira vez, sem medo de passar mal, uma comida típica do Haiti.

Mas o que encontramos no vilarejo não era muito diferente da feira na beira da estrada. Vendinhas oferecendo cerveja e fritura. Comida feita de improviso no calor de fogueiras acesas ali mesmo no chão de barro. Conversamos um pouco com os locais. Até tentamos nos enturmar. Mas o cansaço não ajudava. E logo, logo, nossos amigos *bombagais*, munidos de cerveja e bolinhos fritos, desapareceram na multidão. Azevedo e eu esticamos a viagem no Leslie até uma belíssima pousada de pedra na beira de outra praia daquela mesma enseada, para onde os dois guias iriam mais tarde.

Os pais de Frank tinham construído aquela pousada quatro décadas atrás. A sala era acolhedora como a casa de uma família, com sofás coloridos, muitos enfeites africanos nas paredes, mesas antigas e compridas de madeira grossa e uma iluminação amarela aconchegante que funcionava com a força de um gerador instalado nos fundos da propriedade.

Era tarde, mas assim mesmo Frank chamou a mulher e as filhas e as convenceu a cozinhar peixe com arroz e batatas para os dois forasteiros. Depois de agradecer inúmeras vezes o delicioso jantar, comemos e fomos dormir. Eram quartos de pé direito altíssimo, com decoração rústica de bom gosto, camas confortáveis com telas para proteger dos mosquitos e um silêncio que servia como tranquilizante. Enfim, um paraíso para quem tinha enfrentado nove horas de uma estrada esburacada que parecia interminável, depois de um dia longo e de quase duas semanas dormindo num barracão ora quentíssimo, ora gelado, onde a única certeza que tínhamos era a de que seríamos acordados às cinco horas pelo primeiro sonâmbulo da base militar.

No dia seguinte, Frank me disse algo que ficou marcado para muita gente que assistiu à matéria no *Fantástico*: aquele era, para ele, "o lugar mais bonito do mundo".

Tomamos um café da manhã completo. Com suco de laranja, ovos mexidos e um bom café preto, e jogamos a bagagem de volta no barco de Leslie. Como praticamente não tinha levado roupa, resolvi cortar uma calça jeans para me adequar ao clima agradável. Há quem diga que aquele look improvisado não foi a coisa mais interessante da reportagem, mas foi extremamente útil. Leslie disse que não podíamos deixar de conhecer uma ilha que ficava a uma hora de barco dali.

Era um pequeno paraíso, com coqueiros no centro e areia branca no entorno, cercado por um mar ora verde, ora azul, com uma transparência que eu só encontrei em outras praias do Caribe. Mas qual era, afinal, o nome da ilha?

Antes de nossa viagem, por telefone, nosso produtor, Luigi, tinha sugerido que fôssemos até a "Ilha Amiga". Mas Frank, o dono da pousada, havia mencionado uma tal "Ilha dos Ratos". E Leslie tirou a dúvida: para os locais, era Ilha dos Ratos, o nome original, supostamente dado por piratas que usavam Labadee para saquear embarcações francesas e espanholas e encontravam multidões de ratos em meio às árvores da ilha. Para os turistas, prosseguiu Leslie, é Ilha Amiga porque, afinal, "quem vai sair dos Estados Unidos pra tomar banho na Ilha dos Ratos?", ele concluiu achando graça do nome bobo que tinham inventado para a famosa ilha. Se vale o testemunho, não encontrei nenhum rato naquela meia hora que passamos ali.

A REPORTAGEM ESTAVA PRONTA e parecia que, enfim, teríamos nossos quinze minutos de relaxamento. Fomos todos lavar a alma no mar. Uma rápida despedida da Ilha dos Ratos.

Enquanto voltávamos para a praia de areia escura onde fomos resgatados por Leslie no dia anterior, fiquei hipnotizado por aquele mar transparente, olhando fundo nos recifes e procurando peixes. Em outras regiões do Caribe, basta haver alguns corais para aparecerem multidões de peixes coloridos de incontáveis espécies. Mas, no mar do Haiti, eu não conseguia vê-los. Reparei que os pescadores de lagosta que mergulhavam ali na frente estavam com as cestas praticamente vazias, com lagostas só um pouco maiores do que um camarão e peixinhos que desapareceriam do prato na segunda garfada. E eles estavam ali havia algum tempo, desde que passamos pela primeira vez, a caminho da ilha.

Só consegui atribuir aquele mar vazio a uma pesca desordenada, que provavelmente não respeitava o defeso e seguia o padrão caótico da agricultura e do desmatamento que foram a tônica no Haiti desde que os franceses chegaram com os seus primeiros escravos. Até hoje não encontrei pesquisa ou coisa parecida para explicar cientificamente aquele raro deserto nas águas do Caribe.

CHEGAVA, ENFIM, a hora de sair do Haiti. Depois de muitas tentativas frustradas, o produtor Luigi conseguiu uma empresa de aviação particular da República Dominicana para nos buscar em Cabo-Haitiano. Era o único jeito de chegar a tempo em algum lugar com infraestrutura mais robusta, de onde poderíamos enviar as imagens por satélite ou mesmo pegar outro voo até Nova York, onde seria feita a edição da nossa última reportagem.

Eu quase ia me esquecendo de contar que, naquele momento, o intérprete Robenson Vincent já tinha se comunicado com um primo que morava em Cabo-Haitiano e pedira para se juntar à caravana.

Enquanto Bibi atravessava bairros superpovoados de Cabo-Haitiano em direção ao pequeno aeroporto, os dois primos travavam um longo debate na língua crioula. Ficaram sabendo que o avião que nos buscaria tinha lugar para cinco pessoas. Rapidamente, fizeram as contas e descobriram que, se só iríamos Azevedo, eu e o piloto, havia espaço para eles.

Robenson e o primo nunca tinham saído do Haiti. Sequer conheciam a vizinha República Dominicana, que, em tempos de pré-terremoto, quando as estradas ainda eram transitáveis, ficava a pouco mais de cinco horas de Porto Príncipe. Era provável que a inimizade entre os dois países tivesse contribuído para aquele isolamento. Apenas algumas gerações antes, milhares de haitianos que trabalhavam na República Dominicana tinham sido assassinados por ordem de um ditador. Por motivos políticos e culturais, haitianos sempre foram vistos com preconceito no país vizinho. E os primos Vincent certamente sabiam disso.

Mas diante da rara oportunidade, estavam tentados a cruzar a fronteira. Robenson tinha trazido o passaporte e o primo buscaria o dele na casa onde vivia com os pais, não muito longe do aeroporto. Os dois pretendiam usar os trezentos dólares que Robenson recebera pelo trabalho como intérprete para passar alguns dias em Santo Domingo e depois voltar de ônibus a Porto Príncipe. Algo me dizia que, se eles fossem, nunca voltariam.

Mas a hora do voo foi se aproximando e os primos não chegavam a uma conclusão. Imagine a pior rodoviária do Brasil: o nosso aeroporto era ainda pior. Passamos pela segurança, nossos passaportes foram retidos e, na hora de devolvê-los, veio a primeira tentativa de extorsão. Teríamos que pagar trinta dólares cada um pelo carimbo de saída. Não fazia sentido. Como assim pagar por um carimbo oficial? Já não tínhamos pagado as taxas do aeroporto?

O piloto do avião, um gordinho dominicano que suava de raiva e de medo de não sair logo de um lugar que ele detestava, disse aos fiscais que aquilo era roubo, que jamais havia ouvido falar naquela taxa. E, no meio da gritaria, conseguimos pegar nossos passaportes e correr para a pista. Mas, logo adiante, na porta do avião, surgiu mais um imposto de última hora. Já não me lembro quanto eles queriam de comissão para deixar que nosso teco-teco decolasse rumo a Santo Domingo.

O piloto mandou que a gente apressasse ainda mais o passo, enrolou o último funcionário do aeroporto e entrou no avião sem pagar nada além do que tinha sido pago oficialmente pela empresa na qual trabalhava. Azevedo e eu estávamos mais uma vez espremidos numa aeronave de pequeno porte, atravessando os céus da ilha Hispaniola, rumo à cidade onde chegáramos duas semanas antes e que deixamos praticamente sem conhecer.

Confesso que passei as duas horas de voo pensando que seria muito grato às forças da natureza se nosso monomotor chegasse intacto a Santo Domingo. Era um dia nublado e a cada nova corrente de vento, o bichinho fraquejava.

Pousamos no aeroporto La Isabela. Deu uma sensação de conforto voltar ao mesmo lugar de onde partiu o helicóptero que nos levou a Porto Príncipe. Mas nos restava uma última missão: resgatar o equipamento que deixamos no quarto 908 do Hotel Renaissance na manhã em que saímos de Santo Domingo sem ter a menor ideia se conseguiríamos voltar.

Tínhamos duas horas para fazer o resgate e seguir para o aeroporto internacional, de onde iríamos para San Juan, em Porto Rico. Era a melhor opção para sairmos da ilha que abrigava o Haiti e a República Dominicana e voltar a Nova York.

Na recepção do hotel, nos atendeu um funcionário brasileiro. Ele fez o possível, perguntou à segurança, nos Achados e Perdidos, mandou revistar o quarto e nada do equipamento. Mais tarde saberíamos que, a pedido do escritório de Nova York, estava tudo empacotado e pronto para ser enviado pelo correio, só que numa sala onde ninguém pensaria em procurar.

De mãos vazias, voltamos para o táxi que nos esperava na porta do hotel e descobrimos que levaríamos quase uma hora até o aeroporto internacional. Quando finalmente chegamos, faltando quarenta minutos para a decolagem, a funcionária nos lembrou que aquele era o último voo da noite para o exterior. E, pior, por causa do terremoto no Haiti, os voos do dia seguinte estavam todos lotados.

Ou seja: se não embarcássemos, teríamos que procurar uma alternativa para mandar a matéria via satélite ou — mais complicado — via internet para o escritório em Nova York. Não teríamos nenhuma garantia e as imagens poderiam simplesmente não chegar ao Brasil.

Mas a sorte nos acompanhava e por causa de um pequeno atraso na decolagem conseguimos embarcar. Chegamos à capital de Porto Rico às três horas, mortos de cansaço, mas aliviados como dois sobreviventes.

O problema logístico estava resolvido. Os discos chegariam domingo cedo ao escritório da TV Globo em Nova York. Eu escreveria o texto de manhã cedo e a matéria seria exibida, como previsto, no domingo à noite.

Faltava organizar na minha cabeça as imagens que registrei naquelas duas semanas. Algo que comecei a fazer ainda no caminho de volta, na longa viagem de teco-teco entre Cabo-Haitiano e Santo Domingo.

NAQUELE TRAJETO CAMBALEANTE, fui pensando na história do Haiti, como se tudo o que aconteceu ali nos últimos quinhentos anos, desde a chegada de Cristóvão Colombo, fosse um experimento divino, algo planejado por deus, por algum deus inventado, não necessariamente o deus religioso, para fazer do Haiti um lugar onde tudo faltasse, deixar um grupo de seres humanos abandonados à própria sorte e depois, muito depois, ver no que dava.

Ao transformar em ficção a catástrofe que resultava não só de um terremoto, mas também de séculos de maldade humana, talvez eu conseguisse aliviar um pouco a pressão de tudo o que tinha vivido naqueles últimos doze dias. Era involuntário, o pensamento viajava sozinho pelas imagens terríveis e projetava a alegoria como um filme na minha cabeça.

Comecei pensando que, lá pelos idos dos anos 1500, o tal deus talvez estivesse cansado da mesmice das colônias, com seus escravos obedientes ou imobilizados pela força de capatazes, e tentasse produzir algo inédito no mundo que recentemente apresentara aos bem-aventurados navegantes do continente europeu.

Assim, juntou franceses, espanhóis e britânicos numa ilha riquíssima, em meio a um monte de outras ilhas conhecidas como Antilhas; mas, em vez de dar-lhes os escravos de sempre, entregou-lhes indomáveis guerreiros africanos. Eles se rebelaram contra os colonizadores e os invasores que os seguiram. Mas, em meio a guerras, corrupção e outras maldades, acabaram sem dinheiro, esgotaram os recursos naturais da ilha, ficaram sem amigos, endividaram-se com os inimigos, acostumaram-se aos massacres na disputa por terras, foram vítimas de racismo e, para piorar, subjugados por ditadores nascidos de seus próprios ventres.

Mas, se você acha que acaba por aí, fique sabendo que o tal deus malvado dessa alegoria queria mais tormenta na "terra-onde-tudo-sempre-faltará". Então, pensou o seguinte: o que aconteceria se, em vez de guerra ou golpe, desta vez eu mandasse uma catástrofe natural de grandes proporções?

Quando saí do Haiti, naquela avioneta precária, a caminho da República Dominicana, foi como num sonho que o passado e o presente daquele país foram se desenhando na minha cabeça. Não que eu estivesse atribuindo a qualquer deus ou a qualquer religião a responsabilidade pela dizimação da capital do Haiti, nada disso.

Era só um pensamento, uma divagação que ia ganhando vida, enquanto eu percorria estradas precárias e, depois, no avião precário, finalmente sofrendo, pensava que só com bons amigos, com um projeto de reconstrução feito por economistas sérios e implementado sem interferências externas o Haiti poderia deixar de ser o lugar onde tudo falta para ser finalmente o cenário de um novo experimento divino.

Pode parecer uma visão delirante sobre uma história real tão triste e desoladora, mas, depois de testemunhar uma tragédia humana dessa magnitude, a impressão que tenho é de que a gente fica meio delirante mesmo.

8. De volta à ilha americana

Quando saímos de Porto Rico, naquela escala final da retirada de Porto Príncipe, Azevedo, nosso guerreiro cinegrafista, seguiu direto para os Estados Unidos. Foi levando os discos nos quais estava gravada a última matéria que seria exibida pelo *Fantástico* e os equipamentos que usáramos durante a cobertura.

Recebi sinal verde da chefia e acabei optando por passar uns dias no Brasil. Diante da pressão daquelas duas semanas, e sofrendo de uma razoável dose de estresse pós-traumático, achei que me faria bem voltar às origens e recarregar as baterias emocionais antes de retomar o trabalho. Foram quatro dias calmos no Rio de Janeiro, entre momentos de descanso e muitas interrupções para saciar a curiosidade de amigos e colegas de trabalho, enfim, falar do Haiti.

De volta a Nova York, na cidade onde todos parecem ilhados em seus próprios assuntos, era difícil entender como o mundo podia ter desabado a apenas três, quatro horas dali e ninguém no metrô, ou em Wall Street, ou nas ruas agitadas do West Village, ou na agitação da Quinta Avenida, ninguém parecia minimamente tocado por aquilo. Talvez até estivessem, mas eu não via.

Afinal, o estranho era eu. O Haiti ainda estava em destaque na capa do *New York Times*, ainda merecia pelo menos uma página diária no *Wall Street Journal*, mas, ainda que muitos se impressionassem com as notícias que chegavam a cada minuto pela tevê e pela internet, aquele não era um problema da população americana.

O Starbucks que eu frequentava na Sétima Avenida continuava lotado todas as manhãs. Meus vizinhos de mesa abriam seus MacBooks enquanto tomavam um "venti, latte, skim milk, extra hot" ou um "frappuccino mocha diet" e comiam rotineiramente seus sanduíches de queijo com omelete ou cookies com pedaços de chocolate. O café mais barato custava os mesmos dois dólares de antes. Mas agora "dois dólares" ganhava outro sentido na minha cabeça, era também a renda diária média de um haitiano. O café gourmet que era importado do Haiti para saciar os clientes do Starbucks ganhava outro significado.

Ainda que pudesse fazer parte das já conhecidas estratégias de marketing social das grandes empresas, soava bem a notícia de que a companhia Starbucks, assim como outras inúmeras empresas americanas, tinha feito uma campanha de arrecadação de dinheiro para ajudar no trabalho de reconstrução do Haiti.

O café, afinal, era o grande produto de exportação, uma das poucas coisas que sobravam na terra onde tudo faltava. Tomei sem culpa meu "grande, americano, no sugar" de dois dólares. Retomei a rotina no escritório. Surgiram outras viagens. Veio o vazamento de petróleo no Golfo do México, cobrimos a ameaça terrorista na Times Square e mais tarde fui, mais uma vez com Azevedo, caçar tornados no Meio-Oeste americano.

Aquelas, por mais importantes e interessantes que fossem, eram agora questões de um mundo longínquo, que não ficava de fato a apenas algumas horas de voo, mas pelo menos um século de distância do Haiti. As lembranças daquele país arrasado estavam latentes na minha memória como o lugar do povo esquecido e sem perspectiva, gente que, para grande parte do mundo, parecia não existir, novamente.

Nos primeiros dias de março, dois meses depois do terremoto, os militares americanos começaram a fazer suas malas. De 20 mil, o número cairia para 8 mil e continuaria caindo até que, no fim de maio, restariam apenas quinhentos soldados com a missão de fazer trabalhos humanitários em regiões rurais do Haiti.

Restava uma ajuda simbólica, um contingente que correspondia a apenas 5% do batalhão que no calor da tragédia literalmente invadiu Porto Príncipe e levou o governo da França a oficialmente declarar que os Estados Unidos estavam "se aproveitando do terremoto" para "ocupar" o Haiti.

Sim, pareceria normal aos olhos de qualquer político que, alguns meses depois da tragédia, a vida devesse voltar ao normal no país arrasado. O problema é que, depois de terminar meu café, desligar o computador e seguir para o escritório, não dava mais para achar normal que tudo o que o mundo pudesse fazer por esse lugar esquecido fosse tomar seu saboroso café e voltar a esquecê-lo.

Agradecimentos

Gostaria de agradecer aos meus colegas de trabalho, especialmente nas redações da TV Globo em Nova York e no Rio de Janeiro.

Agradeço também aos militares brasileiros e a todos aqueles que nos receberam de braços abertos em Porto Príncipe. Um obrigado especial ao coronel Alan, ao major Obergón, ao capitão Domingues e ao soldado Moraes. Obrigado também aos haitianos que nos acompanharam, especialmente Azor, Robenson e Bibi.

Obrigado aos amigos do Twitter, pelas questões relevantes e mensagens de apoio.

Este livro, composto na fonte Fairfield
foi impresso em pólen bold 90g na Bartira.
São Paulo, Brasil, no inverno de 2010